潛伏期裡天真的消失或轉型

psyche 吹著秋風瑟瑟
準備 soma 的春天

陳建佑、劉玉文、
王明智、王盈彬、
劉又銘、魏與晟、
陳瑞君、吳念儒、
蔡榮裕
／合著

如果嬰孩在發展的過程裡，外在環境不是如之前說的那般先主動適應嬰孩，再慢慢適時的被動適應，而是可能過於侵犯或者過於忽略，溫尼科特稱呼這種情況是外在環境的「侵襲」。如同生物的免疫概念，在心理機制上，編派了mind出馬來應付外來的侵襲，在發展的過程，由於mind會愈戰愈猛，愈來愈壯大，它會誘惑psyche離開soma，而重構成mind-psyche的新組合。使得soma變成孤立，自己成長，溫尼科特表示這樣的發展，會造成嬰孩的存在連續感出現問題。

【薩所羅蘭的山】

陳瑞君、王明智、許薰月、劉玉文、魏與晟、陳建佑

劉又銘、謝朝唐、王盈彬、黃守宏、郭淑惠、蔡榮裕

【薩所羅蘭的風】（年輕協力者）

李宛蓁、魏家璿、白芮瑜、蔡宛濃

曾薏宸、彭明雅、王慈襄、張博健、劉士銘

目錄

前言 ……14

1. 潛伏期和嬰兒式願望（infantile wishes）VS《巧克力冒險工廠》（吳念儒心理師）……17

2. 潛伏期和過渡空間（transitional space）VS《小太陽的願望》（陳瑞君心理師）……39

3. 潛伏期和心智化（mentalization）VS《庫洛魔法使》（魏與晟心理師）……59

4. 潛伏期和建構（construction）VS《紅衣小女孩 2》（劉又銘醫師）……79

5. 潛伏期和心身之間（psyche—soma之間的「—」）VS《倚天屠龍記》（王盈彬醫師）……99

6. 潛伏期和涵容（containing）VS《一一》與《灰姑娘》（王明智心理師）……133

目錄

7. 潛伏期和擁抱（holding）VS《心中的小星星》（劉玉
   文心理師）   ……151
8. 潛伏期和正負之間（negative和positive）VS《囧男
   孩》（陳建佑醫師）   ……173
9. 潛伏期和無可確知的O（unknown O）VS《靈異第六
   感》（蔡榮裕醫師）   ……195

附錄 ……229

吳念儒：

　　如果夢出現時就有了願望的滿足，那麼潛伏期的存在是滿足了什麼？或者潛伏期本身就是滿足了什麼後的具體展現，而不只是過渡到青春期的通道？電影中，每一個威利旺卡有意無意，看似透過隨機抽獎獲得邀請的五位小朋友，卻又像是事先寫好的腳本一般的劇情發展，因此，我有一個想像（講者的夢），這趟沉睡已久的巧克力工廠冒險之旅，是威利旺卡好幾個夢所串連而成的，夢擅於偽裝，似乎也相當符合潛伏期看似沉靜合規的外在，只是，裡面包藏著的嬰兒式願望可能會是什麼呢？接下來呈現的五個夢，內容參考電影《巧克力冒險工廠》劇情內容，以及兒童潛伏期年齡可能的身心狀態以及精神分析所談關於夢的元素，發展成講者想像故事裡的主角可能有的夢的樣子，是試著透由巧克力冒險工廠作爲入口，可以讓我們游進潛伏期裡一探究竟。

陳瑞君：

　　也因爲對於原慾的重視，幾乎精神分析的核心概念，到潛伏期之後就少有描繪及關注，潛伏期便像是個與慾力脫勾的開始，Laplanche和 Pontalis（1973）在《精神分析辭典》中說明了潛伏期的意思大致如下，他們主張潛伏期是從

五、六歲嬰兒性慾期消失，到青春期開始前的時期，外顯上像是性慾進化的停頓期。在這個階段會看到的是性活動的相對減少，客體關係和情感的去性化，特別是對性慾柔弱的支配，羞恥和厭惡感等情感的出現，同時還伴隨著對道德和美學的渴望。他們主張根據精神分析的理論，潛伏期起源於伊底帕斯情結的瓦解，而這代表的是潛抑機制的加劇，這導致了對於早年經驗的遺忘，對客體的投資貫注，也轉化爲對父母的認同以及昇華的發展。

魏與晟：

魔法在潛伏期的動漫或玩具中，幾乎是不可或缺的存在（ps.雖然青春期的動漫中也充斥著幻想元素，但我認爲在本質上有所不同，青春期動漫較偏向奇幻類的設定，而不強調魔法本身），甚至可以說沒有魔法或類似魔法的機制的話，那些動漫就一點都不好看。就拿大家耳熟能詳的美少女戰士（其實是偏青春期的動漫）爲例，潛伏期的魔法，一方面有神奇的扮家家酒的味道，可以奇蹟似地變換服裝與身分，又具有精神等同的意味，魔法可以直接攻擊別人或更改外界現實的狀態，這種魔法也很常在遊戲治療中看到，同時這種魔法與幼兒肆無忌憚的任性，那種誇大而直接的願望滿

足又不太一樣，它帶有著一些責任感與使命感。

劉又銘：

在本篇文章中，我想在這之上繼續建構心中的故事，也許分析治療的最後目標，或以分析的態度做為內在心法的話，是指最後讓心中的自己，如同被挖出土的恐龍化石骨架，被我們的想像增添變成有肉、有皮膚、有表情和有情感的模樣。我們看見時，就會如小孩那麼喜歡恐龍，我們在那時刻好像是個自己的小孩子，是自己生下自己後，再看見自己的恐龍模樣，會很高興、很喜歡，雖然被叫做恐龍的，常是很令人害怕的巨大怪物，會吞吃掉人呢。雖然也可能有人，會把自己建構成讓人可怕的恐龍模樣。之所以恐怖，或之所以完整，每個孩子或許有不同的城堡，也或許有類似的座標：或許為了有一天，相遇時不必再以命相搏，而為此重複地製造了戰場⋯⋯

王盈彬：

要談身心這兩者的存在特性，是可以引進另外一個更大的存在。就是當遇到了阻礙而無法發揮共用的心思時，必須要把這兩個元素暫時分開，像是一種斷尾求生，人需要把

兩個各自的能力發揮到最大，像是進行個別特訓一樣，希望最後再合在一起，達成一開始沒有辦法達成的目標。也許可以通俗地說，孩子就是生下來了，於是就是要活著，不用思考，但是當活著遇到了一些阻力，有了一種痛苦的經歷，就必須得想辦法，於是有了一個叫做身體的忍耐和鍛鍊，一個叫做精神的忍耐和鍛鍊，這忍耐其實是痛苦的，於是需要有個「一」的東西，來幫忙做協調跟處理，於是這一個分開需要有個線把彼此拉住，因為本來就是在一起的，而且可以互相支援，但是也有可能互相牽制。

王明智：

　　當洋洋為了躲避主任逃到視聽教室，女孩忽然打開門扉，裙擺不小心被門把撩了起來。有趣的是，銀幕上正播映著雲朵正負電極碰撞所迸發的閃電，轟轟隆隆雷聲大作。洋洋心中的某種電極也被接上，他感知到隱身幕後的性欲。彼時，洋洋距離青春期大約還有兩年，從五歲到十歲，發展了基本的生存能力，為之後的性成熟打好基礎。如果紅塵世界像是一場聲光大作的巨型電玩，在投身於這項遊戲之前，自我到底學會多少技能，擁有多少寶物與密技？才能使得主體開啟這場壯遊不致太快滅頂？潛伏期不管是心理防衛？抑或

人類遺傳的生存設置，還是文化的啟蒙儀式，多多少少都具有這項寶貴功能。在洋洋還沒通電，性欲的風暴還未席捲之前，潛伏期對於幼小的人類真是個好東西。

劉玉文：

　　客觀的反移情是分析師對病人實際性格和行為所產生的愛和恨的反應，分析師的主要任務，是對病人帶來的一切保持客觀，而其中的一個特殊情況是分析師能夠客觀地去恨病人：分析師的恨通常是潛伏的而且容易一直這樣。在一些分析的某些特定階段，分析師的恨事實上會被病人搜尋，而這個時候需要的是客觀的恨。如果病人尋找客觀的或者合理的恨，他必須是可以觸及到的，否則他就無法感受到他能觸到客觀的愛。潛伏期中的伊翔與父母之間的愛與恨，和這裡引用破裂家庭孩子或者沒有父母的孩子的案例也許是貼切的。孩子無意識地花費時間去尋找內在父母，而被收養的孩子更是生出希望，徹底考驗他所處的環境，並且尋找他的監護人有能力去客觀的恨的證據。內在的整體性需要我們好好去參透在相信自己被恨之後，才能相信自己被愛的箇中滋味了。

陳建佑：

　　法國歐陸哲學家莫里斯・布朗肖（Maurice Blanchot）認為「答案是問題的厄運（La réponse est le malheur de la question；The answer is the misfortune of the question）。」過於肯定的答案、對於話語過於武斷的詮釋，雖然連結了彼此之間的概念，但負的工作在分析師傾聽過程中是核心：在潛前意識記憶的潛伏中（可能對所有時間段的記憶開放），解除對故事的顯意內容意圖的聯結（un-binding）。負的想法，在精神分析設置下的語言本身的定義中「分析的話語反哀悼（un-mourn）語言」的陳述可見一斑。患者在移情中的言語表達產生了一種被壓抑的再現的過度宣洩，這救贖了黑格爾的格言「話語是事物的死亡」。哭泣、謊言是要被看成欺騙、輕蔑或攻擊，還是可以被當作溝通的意圖，取決於聽見的人。

蔡榮裕：

　　以這部電影來看，死去的心理師是幫助小孩心理成長的角色，直到後來小孩讓心理師知道他已經是死掉的人了，死掉者仍可以助人，在深度心理學裡是否是可能的命題？也就是，我們在內在心理，那些缺席者是死掉的，或是活躍者？

其實我們都同時混用，例如有些小孩，母親早就不在身旁另嫁他人了，但小孩心中仍覺母親存在，且是好人，而在旁的父親卻只是個限制者，阻礙他往外走的人。如同電影中小男孩，覺得每天在旁的母親是位不願聽他說出心聲的人，不論他想要說的是什麼，只是在電影中是以有超能力，可以看見那些死去的人在身旁。從另一角度來說，他也可以看見自己內心裡，已經死去卻仍具有復原力的心理客體（這是比昂所說的「精神分析客體」嗎）仍在奮力掙扎著要活下去。

前言

如同佛洛伊德從戲劇裡，引進伊底帕斯王的故事，來描繪某種常見且重複，在不同人都會出現的情結。我們嘗試從這些電影裡，想要引進點什麼內容，來幫助我思索臨床和理論上的某些課題？

不過，今天還是有個重要的主題，關於latency period被譯為「潛伏期」，相較於青春期的喧嘩吸引人們注意，潛伏期是一個被理論較忽略的領域，但由於它的被忽略，反而吸引我們想去探索它。想著如何探索它呢？我們無意只是回顧他人對於它的論述，我們找到不一樣的探索方式，那就是如我的朋友們今天嘗試描繪的，以某個精神分析的重要概念，搭配一部電影，這是我們的思索工具。但不希望我們要探詢的潛伏期，這個廣大迷人的所在，只被我們的工具所侷限。

我們以它們做基礎要來探索，被叫做「潛伏期」的階段，有著什麼內在心理？由於它常是以沈默隱隱作用的方式存在，直到青春期的活力大爆發，潛伏期的論述相對是少很多。在台灣，潛伏期是在小學階段的期間，如我們所知，在

台灣也再分成低中高年級三個階段，而當做老師的人可能知道，它們之間仍有些差異？這些差異可能顯示在，與其它同學和教師的關係，以及對於課堂內容的好奇程度，它們之間也許有著某些潛在的心理關聯。

這只是假段，在今天的工作坊，我們不是要馬上教各位，如何著手處理眼前的困局，而是嘗試對於這個階段，引進更多的觀察點，來讓我們看看它是什麼樣的領域？

歡迎各位的報名參與，也期待各位可以從我們的方式裡，聽到對你覺得有用的想法和態度。雖然我們對於何以不馬上教一些，可以現成拿起來，離開這裡就可以使用的絕招，我們對自己的態度仍是，邊做邊好奇著不知會是如何呢？

潛伏期和嬰兒式願望（infantile wishes）
VS《巧克力冒險工廠》
吳念儒

「沒有，一直是大門深鎖。」
「到底是誰在操作機器呢？」
「這是一個謎……」──《巧克力冒險工廠》

荷爾蒙佔據這個世界前，靜默是為了什麼？

　　起初大家都以為兒童沒有性課題，但是佛洛伊德關注它，並且描繪它、想像它、建構它後，性學就這樣建構起來。我們對於潛伏期的心情和方向也是如此，雖然一般傾向看待它只是平靜期，但是我們來想像和建構它是有多少強風在內心裡吹著。這是值得思索的命題，如果內心是有波動和強風吹著，何以能夠維持著讓大家覺得是平靜的呢？何以在青春期前會有這段表面看來是平靜的日子呢？但我們假設這段平靜底下是有著複雜的動力交戰著，直到那些交戰的訊息再也無法被阻擋了。

那麼平靜底下的是什麼在交戰呢？我們以溫尼考特（D. W. Winnicott）的論點作爲基礎，強調嬰孩的發展過程如何接受本能（性和攻擊）所帶來的影響，是心理健康的重要過程。因此，我們就以文明和本能的戰爭，裡面的輸贏和失落作爲焦點來建構潛伏期，可能在深度心理學裡有些什麼正在默默進行著，潛伏期的平靜其實也只是一種錯覺，只是相對於青春期的激烈徬徨，好像因爲失去了什麼而在尋找著自己的認同，或者從一般人的看法那是兒童的天眞。然而，如何一點一點地失去的失落感，天眞是自戀或是錯覺呢？什麼是天眞？天眞失去後，要去哪裡找回童年的天眞？

　　我們假設潛伏期是正在處理某些失去的經驗，例如：在社會文明化的過程，需要配合文明之下的本能欲望的出路，雖然如佛洛伊德主張，文明化的過程會有不滿的存在，這是本能的文明的處理過程，但何以它是以目前方式來呈現出潛伏期，它是由多少相關機制的運作後所妥協出來的成果呢？從失去裡走過來，如何走出過程裡必然存在的無力感、無助感、無望感呢？這些謎題仍會是人性之謎，但是我們想要從精神分析已有的主要概念作爲基礎，與潛伏期的現象做對話，並由這個過程來推衍潛伏期可能是什麼。

　　我就先從佛洛伊德在夢的解析裡，強調夢的主要推動者

是嬰兒式願望（infantile wishes）。然而，如果這些原始的嬰兒式願望不會消失，會讓我想要試著想像這種願望在潛伏期可能會是什麼樣貌，或者如果從嬰兒式願望來看潛伏期的存在，是這種願望順手抓取來表達自己的材料，如同潛伏期是嬰兒式願望所造成一段長時間的夢？青春期的少年也常會覺得先前的日子如同春秋一夢般，它好像過去了卻也留下困惑？這個長夢究竟發生了什麼事？

　　一般常說的小孩子的天眞，何以明顯地經過潛伏期到青春期後就變成不同樣貌了？我這種說法並不是說小孩就一定是天眞，不過也不可否認，就外顯來看，的確在潛伏期後不少小孩是有了變化的。因此，若就這種表面的天眞上來設想，潛伏期裡有著什麼在私密地運作著？那裡彷彿有間地下工廠，日夜默默地運作，像是要趁這幾年的時間讓小孩變成大人的前奏曲。

　　今天引用的電影是由提姆・波頓導演的《巧克力冒險工廠》（Charlie and the Chocolate Factory），來與這場講題作爲相互映照的文本。《巧克力冒險工廠》的故事大致上是這樣的：小鎮上一座神祕的巧克力工廠舉辦了參觀工廠的抽獎活動，並且開放世界上所有的小孩都可以參加爭取這稀有的五個名額，只要買到含有一張金獎券（Golden

Ticket）的威利旺卡巧克力，就可以憑著金獎券，並且得以攜伴一位家人進到已經多年未對外開放的巧克力工廠參觀。來自窮苦人家的小孩查理・巴克特（Charlie Bucket）——本片的主角之一，聽了爺爺年輕時曾經在這座由威利旺卡（Willy Wonka）經營的巧克力工廠工作，十分嚮往能夠得到這個機會到工廠一探究竟。後來查理幸運地抽中了最後一張金獎券，並且跟一直很想再回到工廠看看的爺爺，一起踏上這趟巧克力工廠的冒險旅程。

　　或許在座各位已經或多或少知道這部電影，在這裡我想試著以這部電影作為出發，試著與潛伏期、嬰兒式願望、夢等等精神分析相關主題相互連結，並且將鏡頭聚焦在威利旺卡（Willy Wonka），這位巧克力工廠的製造商身上。

　　佛洛伊德在《夢的解析》說：

　　「在這方面的工作，我們已經有了初步的成果，我們發覺夢的工作是基於一種前提，擬使同時感到的所有夢刺激綜合成一整體性的產物。……我們已知道，如果當天遺留下來兩個或兩個以上印象深刻的感受，那麼由這些感受所產生的願望便會凝聚形成一個夢；同樣地，這些具有精神價值的感受又與當天另外一些無甚關係的生活經驗（只要這些能使那幾個重要的印象之間建構出聯繫來）綜合而成夢的材料。因

此，夢其實是對睡眠時心靈所感受的一切所作的綜合反應。就我們目前已分析的有關夢的材料看來，我們發現它是包含了精神的殘留物以及一些記憶的痕跡——這些記憶雖然其真實性的本質並無法當場驗明，但至少我們均充分地感受到其精神上的真實性。（由於多半均與最近或孩提時代的資料的確有關聯。）有了這種觀念，我們也較容易能預測得到，究竟在睡眠中加入的新刺激與本來就存在的真實記憶將會合成如何的一種夢。當然，我們須強調的是，這些刺激對夢的形成確實重要，因為它畢竟是一種真實的身體感受。而藉著再與精神所具有的其他事實綜合，才完成了夢的材料。換句話說，睡眠中的刺激必須與那些我們所熟悉的日間經驗遺留下來的精神的殘留物結合而成一種「願望的實現」。然而，這種結合並非一成不變的，我們已經知道對夢中所受的物理刺激，可以有好幾種不同的行為反應。但一旦這種合成的產物形成以後我們一定可以在這夢內容內看出各種身體與精神的來源。

夢的本質不會因為身體的材料被添加到它的心理來源而改變：夢仍然是願望的實現，無論該願望實現的表達方式是由當前活躍的材料所決定的。」（佛洛伊德，《夢的解析》，賴其萬／符傳孝譯，志文出版社）

如果夢出現時就有了願望的滿足，那麼潛伏期的存在是滿足了什麼？或者潛伏期本身就是滿足了什麼後的具體展現，而不只是過渡到青春期的通道？電影中，每一個威利旺卡有意無意，看似透過隨機抽獎獲得邀請的五位小朋友，卻又像是事先寫好的腳本一般的劇情發展，因此，我有一個想像（講者的夢），這趟沉睡已久的巧克力工廠冒險之旅，是威利旺卡好幾個夢所串連而成的，夢擅於偽裝，似乎也相當符合潛伏期看似沉靜合規的外在，只是，裡面包藏著的嬰兒式願望可能會是什麼呢？

　　接下來呈現的五個夢，內容參考電影《巧克力冒險工廠》劇情內容，以及兒童潛伏期年齡可能的身心狀態以及精神分析所談關於夢的元素，發展成講者想像故事裡的主角可能有的夢的樣子，是試著透由巧克力冒險工廠作為入口，可以讓我們游進潛伏期裡一探究竟。

威利旺卡的夢中夢

第一個夢：奧古斯塔之夢

「當然，我們必須承認，他將有不少改變，

輪子慢慢地轉了一下又一下，齒輪開始又磨又壓，

這個貪吃的小壞蛋，現在到處受人喜愛，

因為誰會討厭一塊……又香又甜的牛奶巧克力軟糖？」

（〈奧古斯塔之歌〉，奧柏倫柏人在電影中唱）

　　胖男孩奧古斯塔最愛吃糖果，他無時無刻都在吃吃吃，他知道他一定會抽到旺卡工廠的金獎券。果然，他是全世界第一個抽到金獎券的孩子，奧古斯塔面對著媒體的訪問，他手沒停過將巧克力送進自己的嘴裡，「我吃更多的糖果！」這是他慶祝的方式。當天晚上奧古斯塔夢見自己到了旺卡工廠的糖果造景花園，他簡直「食」心瘋了！他瘋狂地吃著糖果做的花草樹木，來到巧克力河，他用手撈著巧克力河飢渴地喝著，他隱約聽到旺卡先生和媽媽在遠處阻止他，奧古斯塔聽不進去，他巴不得把整條巧克力河都裝進自己肚子裡，就在這樣想的時候，他不小心失足跌入河流，然後他嚇醒了！發現自己躺在自己的床上，奧古斯塔鬆了口氣，「原來是做夢！」但他聞到濃濃的巧克力味，從自己的身體飄出來，他伸出舌頭舔了舔臉頰，「是甜的！？」手指、小腿、頭髮、膝蓋都是甜的，奧古斯塔變成一塊巧克力牛奶糖！他變成了自己最愛吃的東西！

第二個夢：維露卡之夢

「佛洛伊德認為，夢是圍繞著被禁止的嬰兒式願望而組織起來的。他成功的解析夢的方法使他發現了伊底帕斯情結（Oedipus complex）。伊底帕斯情結是一部分離的戲劇（drama of seperation），其中孩子被迫放棄對父母和手足的一些情感與敵意的衝動。它涉及強加一些基本規則：禁止亂倫（孩子不能佔有母親而將她全部歸他或她自己）；禁止弒親（孩子不能對競爭對手的兇殘嫉羨採取行動，尤其是對父親，或取代他們成為母親的愛的客體）。潛意識的嬰兒式願望編織成夢則圍繞著這部原始戲劇而展開。它們利用我們清醒生活中未解決的事件作為表達，像是它們在我們的夢的生活中的途徑。它們是一種持續的精神刺激（張力），威脅著擾亂我們的睡眠，在創造夢之中被處理（和驅散）。」（吳念儒譯，倫敦佛洛伊德博物館，官方網頁資料，〈關於夢的嬰兒式的來源〉）

維露卡，英國上流商人之女，從小她要什麼有什麼，富有的父親讓她予取予求。什麼都想要的維露卡當然不會放過全球限量五張的威利旺卡工廠金獎券。維露卡的父親停擺營運自己規模龐大的花生脫殼廠，命令員工開始拆封威利旺卡巧克力，幫女兒找到金獎券。就在維露卡從父親手上拿到金

獎券的那天晚上，維露卡躺在床上想著，她明天要跟爸爸要些什麼別的東西，沒過多久她睡著了。夢裡，維露卡跟著威利旺卡一行人到了巧克力工廠的堅果室，將堅果去蕪存菁的是一群松鼠，維露卡回頭跟爸爸吵著要一隻那樣的松鼠，夢裡爸爸面露難色，旺卡先生要她放棄癡心妄想，維露卡哪管這麼多，她翻越禁區，來到堅果處理區，正要自己捕捉一隻看上眼的松鼠時，警戒的松鼠們團團將她包圍，並將她當作像是要淘汰的壞堅果扔進垃圾處理通道。維露卡的爸爸為了解救女兒也只好自願掉進通道裡。維露卡被一陣惡臭薰醒，她發現自己躺在爸爸的懷裡，爸爸緊緊抱著她，眉頭深鎖地熟睡著，爸爸的另一邊沉睡的媽媽，原來自己在爸媽的主臥室，她發現自己的頭髮、衣服、爸爸的頭髮、爸爸的臉上都黏著臭掉的廚餘，但維露卡好開心，她要的就是這個，爸爸為了她連惡臭腐爛之地都可以去，她轉身面向爸爸，鑽進他的懷裡，又滿足地睡著了。

第三個夢：紫羅蘭之夢

「強迫重複的表現（我們已經描述為發生在嬰兒的心理生活的早期活動，以及精神分析治療的結果中）很大程度上表現出一種被驅使的性質，並且當它們與享樂原則相反

時，在運作中表現出某種『惡魔的（daemonic）』力量。在兒童遊戲的案例中，我們似乎看到兒童重複不愉快的經歷，為了附加的原因是他們可以不僅僅被動地，而可以透過主動來體驗更徹底地征服的一種強烈的印象。每一次新的重複似乎都加強了他們正在尋求的征服。孩子們不能經常重複他們愉悅的經驗到感到足夠，而且他們堅持認為重複應該是完全相同的。這個性格特徵後來消失了。如果一個笑話被第二次聽到，它幾乎不會產生任何效果；一部戲劇作品第二次給人留下的印象從來沒有像第一次那樣好；事實上，很難說服一個非常喜歡閱讀某本書的成年人立即重新閱讀這本書。新奇永遠是享受的條件；孩子們永遠不會厭倦要求大人重複他向他們展示或與他們一起玩的遊戲，直到他精疲力竭而無法繼續。如果一個孩子聽過一個好故事，他會堅持一遍又一遍地聽，而不是一個新的；他會毫不留情地規定重複應該是相同的，並且會糾正敘事者的任何更改可能是有罪—儘管它們實際上可能是為了獲得新的承認而做出的。這些都不違背享樂原則；重複，對相同事物的重新體驗，顯然本身就是享樂的來源。相反的，在分析中的人的例子，在移情中重複他童年事件的強迫顯然在各方面都無視於享樂原則。他的行為是全然嬰兒式的，因此向我們表明，他的原始（primaeval）經

驗潛抑的記憶痕跡，並非以束縛狀態出現在他身上，並且確實在某種意義上無法服從次級歷程（secondary process）。此外，正是由於不受束縛的此一事實，它們託它們的能力與前一天的殘餘連接，一起形成一個在夢中出現的願望式的幻想；當我們在一次分析結束時，試圖誘導患者完全脫離他的醫生時，這種強迫（compulsion）的重複經常會成為我們治療的障礙。也可以假設，當不熟悉分析的人感到一種隱晦的恐懼時——害怕喚醒某些，他們認為，最好沉睡的東西——他們最害怕的是這種強迫的出現，暗示著某種『惡魔的（daemonic）』力量的佔有。」（吳念儒譯，佛洛伊德，《超越享樂原則》，1920）

　　紫羅蘭沒有輸過，她擁有幾百座競賽冠軍，抽到金獎券的那段期間，她正在挑戰嚼口香糖的世界紀錄，她說她口中的口香糖已經嚼三個月了，媽媽這樣評論她：「她是個衝勁十足的小女孩，不知道是遺傳誰的。」對紫羅蘭來說，參觀工廠根本不是她所在意的，她要的是威利旺卡在獎券上提到的，五個小孩的其中一個將會獲得的那個特殊大獎，紫羅蘭自認是天生贏家，特殊大獎一定得拿到，這樣她就能永保衛冕者寶座。明天就要去參觀工廠了，紫羅蘭很自律地提早就寢，準備養足精神去爭奪大獎。口香糖冠軍紀錄還是得保持

的，在睡夢中也不能鬆懈，紫羅蘭邊嚼邊睡。嚼著嚼著，原本已經索然無味的口香糖，竟然出現了蕃茄湯的味道流進喉嚨，接著是烤牛肉！烤馬鈴薯！哇！竟然還有甜點，是藍莓派跟冰淇淋啊！威利旺卡先生這時出現在她的前方，警告她趕緊吐掉，紫羅蘭才不要呢！查理也在一旁問：「何必這麼堅持呢？」紫羅蘭不屑地回答說：「吐掉，我就不是冠軍，我會是個失敗者，跟你一樣。」鬧鐘響起，紫羅蘭一如往常立刻起床，冠軍是不能怠惰的，賴床也是不被允許的。她整裝準備、照照鏡子，赫然看見自己全身皮膚變成紫羅蘭的藍紫色，筋骨軟Q至極，紫羅蘭震驚了五秒，隨即冷靜回來，她想冠軍是不會被這種小事打敗的，今天先去拿到旺卡工廠的大獎，明天再上網查，有沒有世界軟Q比賽或最特別皮膚顏色的紀錄可以申請呢。紫羅蘭昂首闊步，走出房間，準備出發。

第四個夢：麥克蒂維的夢

麥克告訴採訪記者，只要將製造日期、天氣影響和日經指數的導數值計算進去，就知道哪一片巧克力裡面含有金獎券了，所以他只買了一片，麥克覺得只有笨蛋才不知道這些道理。麥克的父親告訴記者：「我經常聽不懂他在講什

麼，這年頭的小孩知道太多高科技了，他們的童年應該不會太長。」父母管不著麥克，說道理說不過他，叫他早睡，麥克搬出一堆醫學報導駁斥早睡早起身體好的論點。麥克一如往常熬夜打著槍戰射擊電玩，玩著玩著，威利旺卡出現在電視機裡跟他揮手，麥克走進電視，跟著旺卡先生和一群小朋友、家長參觀巧克力工廠，他覺得無聊極了，這一路上都是騙小孩的東西，反正拿到金獎券只不過是再次證明，我是世界上最聰明的人，大人們都笨得要命！他要求旺卡先生讓他挑選參觀的地方，於是剩下的人一起到了電視間。旺卡展示一塊大如樓房的巧克力，如何透過真空管，傳送到電視機中，並且讓看電視的人直接從電視就可以拿出正常尺寸的巧克力來吃。麥克鄙視又大聲地對旺卡先生說覺得他十分愚蠢，這麼重要的發明不拿來運送人類，卻用來傳送巧克力！？誰都來不及說什麼，麥克就自己跳上真空管的傳送台，以身試法實驗人類能否被傳輸。咻的一聲，麥克消失了！醒來之後，麥克躺在電視遊樂器的遊戲手把的XY按鍵之間，他跟巧克力一樣變小了！像是一顆西洋棋那般高，聲音也變得十分細小，這下子糟了，爸媽會看見他嗎？以後就算他再有道理，也很難讓人聽得見他說話了。

　　「威利旺卡：河裡的每一滴巧克力，都是最高品質的熱

融巧克力，瀑布是最重要的關鍵，用瀑布來混合巧克力，攪拌均勻，讓巧克力滑溜又順口。對了，全世界沒有別的工廠用瀑布來混合巧克力，親愛的孩子們，這點我可以向你們保證！……喜歡這片草地嗎？抓一把來吃！你們就吃一點吧，這是又好吃又好看。

查理：草可以吃？

威利旺卡：當然囉！這個房間裡的每樣東西都能吃。就連我也可以吃。不過我們不是食人族啦，文明社會是不容許人吃人的。是阿！盡情享用吧！」（威利旺卡介紹五組家長小孩，參觀糖果造景花園時，所說的一段話）

如果夢也是一種文明的型式，那夢可能是如何偽裝呢？引述佛洛伊德在《性學三論》裡面談到潛伏期的其中一段：「在這一段完全的或部分的潛伏期裡，精神力量得以發展，在之後而妨礙性本能的進程，有如水壩，限制其水流。嫌惡感、羞恥感以及道德的和美感的要求。我們或許有這樣的印象是，文明化的孩子，這些水壩的建構，主要是教育的功勞，誠然教育不至於毫無貢獻。然而事實上，這原是有機體發展上早已經註定的過程，即使在偶然的情況下，即使無教養，它還是要發生的。教育不會侵奪它的領域，教育也必須俯從有機體的宿因，才能顯其功效，使壓制地更形深沉，

更乾淨俐落。」（部分翻譯參閱志文出版社，林克明翻譯，《性學三論》中譯版本）。電影裡，奧柏倫柏人第一次在電影出場唱歌後，維露卡的父親說：「這段歌舞好像是彩排好的」，麥克說：「他們好像知道會發生什麼事。」後來查理試著問旺卡先生，為什麼他們的歌詞裡面有奧古斯塔的名字，威利旺卡皆否認了這個可能性。然而從原始叢林來的奧柏倫柏人，是否象徵著我們人類的嬰兒式願望（或原始性、驅力、本能），有「它（本我id）」想要達成的目的，並且其實一直潛伏在心裡深處伺機而動呢？

　　如同前面談那些夢裡可能包藏著什麼嬰兒式願望，那潛伏期外表的平靜、整齊劃一，有沒有可能是用了成人世界所認可的方式包裹著，甜美且渴望永無休止的嬰兒式願望？像是變成了美味的牛奶巧克力軟糖的奧古斯塔，用成人世界的標準來看，一個你給他什麼他都「吃」下去，都說好的「好」人，十分人見人愛！維露卡，一個永遠被父親寵愛的女兒，永遠不用為資源有限所苦，想要的都能得到，大概不會對社會造成什麼麻煩。紫羅蘭呢？在競爭激烈的社會當中，她不會被淘汰，她努力不懈、為達成目標連命都可以給出去吧，企業老闆或許會很高興雇用到她這樣賣命的員工。至於麥克，智力發展完全制霸所有人，吸收知識的能力，在

現代社會中擔任頂尖的專業人員，想像是輕而易舉。

　　或許，我這樣說也是太輕而易舉了，無法忽略的是，故事仍然多少有機會引發，這四個「壞」小孩被「處理（懲罰）」的想法，如果按照前面的脈絡來看，這些「壞」之所以讓人感覺壞，是因為那些應該要被潛抑的嬰兒式願望太強烈了，強烈超出界線，超過了我們（也許特別指大人？）所容忍的範圍而已，這或許可以解釋，怎麼一到青春期，大人們又都異口同聲認為，青春期年齡的孩子，叛逆、壞、不聽話是可以被容許的，甚至認為是很正常的，想想也太分裂，小六跟國一才差兩個月的暑假而已，也許這是大人潛意識露了餡，我們內心深處知道，水壩、防波堤是無法永遠阻絕原始的欲望的。

第五個夢：威利旺卡的夢

　　「綜上所述，主體與他的父親——客體之間的關係，在保留內容的同時，又轉變為自我與超我的關係——新舞台上的新場景。如果現實不供給他們更多的養分，來自伊底帕斯情結的嬰兒式反應可能會消失。但父親的特質仍持續一樣，或者說是隨著歲月流逝而退化，於是杜斯托也夫斯基對他的父親的憎恨和對那個邪惡父親的死亡願望一直保持著。現

在，如果現實滿足了這種壓抑的願望，那將是一件危險的事情。幻想變成了現實，所有的防衛手段都隨之加強。」（吳念儒譯，佛洛伊德，杜斯托也夫斯基與弒父者，1928）

　　威利旺卡是牙醫威爾柏旺卡的孩子，威利從小就戴著沉重的牙齒矯正器，除了時時刻刻要接受父親檢查牙齒的清潔與健康狀況是否及格，威爾柏是極度反對且嚴禁威利吃危害牙齒保健的糖果類食品。威利在一次偶然的機會下嘗到了巧克力的味道，從此之後，威利完全心醉神迷於巧克力的魅力當中，他花了很多時間嚐試、紀錄、研究巧克力，當然，還包括其它的糖果。威利毅然決然從家裡出走，開了他的旺卡糖果店。他被稱為天才的糖果製造商，生意興盛，有天睡前，他才思索著要擴大經營，當天夜裡，睡夢中，他夢見自己建造了一座超大的巧克力工廠，經歷一些波折之後，他從原始叢林中聘僱了一群敬拜仰慕可可豆的奧柏倫柏人（Oompa-Loompas）來擔任協助工廠營運的工人，並且以取之不盡用之不竭的可可豆作為報酬。下一幕，旺卡發現自己有了白頭髮，他嚇壞了，他需要一個繼承者來承接如此成功的糖果事業。夢中他還舉辦了抽獎活動，從全世界找到五位幸運的小朋友中，選出了查理，旺卡認為查理是最不討厭的小孩了。旺卡讓查理接管巧克力工廠的條件是要放棄家

人，成為獨來獨往、成功的製造商。查理拒絕了他，查理告訴旺卡除非他的家人可以跟他一起，否則他寧可放棄這個可以一步登天的機會。旺卡嚇醒從床上彈坐起身，滿身大汗，怎麼會有小孩為了家人而放棄飛黃騰達的機會！？他自己不也沒有靠父親，有了今天這番成就，他簡直可被稱為巧克力之父了。旺卡想起心理治療師今天在治療中問他：「你還記得你吃的第一塊糖果嗎？」最近的治療會談讓他想起太多童年往事了，是不是要回去看看爸爸，旺卡想告訴父親，即使他的巧克力事業十分成功，他也不曾怠惰，一直都好好清潔保護自己的牙齒，「爸爸會認可我的成就嗎？」旺卡也不確定，他起身拿了厚厚的電話簿，尋找【威爾伯旺卡牙醫診所】的預約電話。

尾聲

　　故事中這位世界有名的巧克力天才，威利旺卡當然具有站在最高峰的本事。電影最後，威利旺卡面對自己的成就，他希望查理成為自己的繼承者，如果從我們剛剛發展出來的威利旺卡的夢，他像是一個父親在找尋繼承王位的兒子，但他同時也為此感到惶惶不安，他說他「越來越困惑了」。

在這裡我想談談關於成功的事情，是否有時候「成功」這個表面上的結果，假設勾動到的是佛洛伊德提到關於弒親或取代雙親地位的嬰兒式願望——同時也是禁忌，這就不難想像一個孩子或成人，擁有一種無法享受的成功，因為這個成功既興奮又苦澀，既突破了規範卻又感到自己有罪。而這樣的現象，在日常生活中並不少見，無論是在學校、職場、診療室等等情境裡都有可能發生。只是，在這裡必須強調的是，這並非唯一的可能也不是理解的通則，而是我們藉由這部電影，獲得一個重新思索成功與嬰兒式願望、禁忌、潛伏期之間可能的關聯性。另一方面，這裡也並非要貶損成功的價值，也沒有要提倡失敗，如果順著這樣的脈絡思索，失敗與成功或許系出同源，怎麼說呢？如果某個成功所觸動的是潛意識裡，那些古老的禁忌的願望，那外顯失敗的結果，則得以繞過慾望與限制相互牴觸的衝突。而成功的口味必然是苦澀的嗎？我想就像是萬千種糖果口味一樣，這不是必然的，或許一個孩子的成長的過程，當這些古老的禁忌的潛意識願望，透過兒童的語言現身，像是：「我長大要跟爸爸或媽媽結婚！」、「我不要爸爸或媽媽！爸爸或媽媽是我一個人的！」獲得大人們的理解和包容，幽默涵容的方式渡過，或許成功不再是如此可怕，成功可以是苦甜適中的巧克力比

例。只是，相對於比較均衡的成長歷程，不是每個人都如此幸運，除了每個人潛意識裡都有的嬰兒式願望本來就等著「重返寶座」，如果外在環境遭逢創慟，例如：失去雙親、不當對待等，內外夾擊的雙重失落，可以想像潛伏期裡藏著的可能是更加驚駭兇險的暗湧。

　　「……童年的創傷可能會緊隨精神官能症的爆發，嬰兒期精神官能症，大量力氣在防衛上，並伴隨著症狀的形成。這種精神官能症可能會持續相當大量的時間並引起明顯的困擾，但它也可能運行潛伏的過程而被忽視……。嬰兒期精神官能症沒被中斷而持續到成人精神官能症的情況很少見。更常見的是，它是由一段明顯不受干擾的發展時期所取代的——一個由生理性的潛伏期的介入所幫助或使之成為可能的過程。直到後來，這種變化才發生，確定的精神官能症變得明顯，如同創傷的遲來的效應。這發生在青春期的爆發或稍後的一段時間。在前者情況下，發生這種情況是因為本能因身體成熟而增強，現在能夠再次進行搏鬥，而在這場搏鬥當中，他們最初被防衛打敗了。在後者情況下，發生這種情況是因為防衛所帶來的自我的反應和改變，現在證明是處理生命的新任務的阻力，因此真實外在世界的要求與自我之間發生了嚴重的衝突，它力求維持它在防衛掙扎中煞費苦心取

得的組織。在對創傷的第一反應和後來的疾病爆發之間的精神官能症的潛伏期現象必須被視為典型的。此後來的疾病也可以被看作是一種治癒的企圖——再次奮力使自我中因創傷的影響而分裂的那些部分與其餘的部分和解，並將它們聯合成一個強大的整體與外在世界相比。然而，這種企圖很少成功，除非分析工作有所幫助，即便如此，也並非總是如此；它經常以自我的徹底破壞或支離破碎或被早期分裂並由創傷支配的部分所淹沒而告終。」（吳念儒譯，佛洛伊德，《摩西與一神論》，1939）

　　雖然電影故事來到了看似圓滿的結局：威利旺卡跟查理共同經營巧克力工廠，威利跟父親至少踏出修復關係的第一步，而查理不但無須放棄家人，威利也被接納成為巴克特家的一員。然而，聽完我根據電影發展出來的五個夢境，在座的你們覺得威利旺卡的潛伏期的夢醒了嗎？得以接觸現實世界了嗎？還是他的夢成了「夠好的夢（good enough dream）」，夠好也剛剛好，所以能夠順利安放到潛意識裡，在他的巧克力夢工廠裡繼續製造繽紛的夢呢？

　　我還沒有答案，或許，就像夢無止盡的一天。

【講員簡介】

吳念儒

臨床心理師
臺灣精神分析學會會員
精神分析取向心理治療師

潛伏期和過渡空間（transitional space）
VS《小太陽的願望》
陳瑞君

潛伏期的城堡

　　卡夫卡在《城堡》裡大致這麼說，努力想得到什麼，其實只要沉著冷靜、實事求是，就能神不知鬼不覺地輕易達到目的。如果過於出力，弄得太兇，太幼稚，缺乏經驗，就哭啊、抓啊、扯啊，像一個小孩扯下桌布，結果卻是一無所獲，只是把桌上的好東西全都拉扯到地上，永遠也得不到了。

　　佛洛伊德在1905年發表的《性學三論》中主張人類以慾力爲核心的發展觀點，所謂性心理發展論──即性源帶從口腔期、肛門期、性器期、潛伏期到青春期等階段的轉移之外，也再加以論述不同防衛機制，如固著、倒錯、昇華、潛抑等在精神生活歷程中的角色及參與，基本上就形成了人的慾力在精神生活中的形塑與拉胚。

佛洛伊德在《性學三論》裡，對於原慾理論的重視，將「性」放置在一個重要的位置上，他的主張是如果我們相信，精神官能症之所以發生，是因為患者依然保留或迴返至幼兒性慾之狀況，我們便會對幼兒的性生活發生興趣，從而追索那些控制著幼兒性生活發展歷程的影響力，以瞭解究竟為什麼，後來有的形成倒錯現象、精神官能症，有的卻能享有正常的性生活。

　　也因為對於原慾的重視，幾乎精神分析的核心概念，到潛伏期之後就少有描繪及關注，潛伏期便像是個與慾力脫勾的開始，Laplanche和Pontalis（1973）在《精神分析辭典》中說明了潛伏期的意思大致如下，他們主張潛伏期是從五六歲嬰兒性慾期消失，到青春期開始前的時期，外顯上像是性慾進化的停頓期。在這個階段會看到的是性活動的相對減少，客體關係和情感的去性化，特別是對性慾柔弱的支配、羞恥和厭惡感等情感的出現，同時還伴隨著對道德和美學的渴望。他們主張根據精神分析的理論，潛伏期起源於伊底帕斯情結的瓦解，而這代表的是潛抑機制的加劇，這導致了對於早年經驗的遺忘，對客體的投資貫注，也轉化為對父母的認同以及昇華的發展。

　　在《小太陽的願望》一劇中，描述一個平實家庭的故

事，在一般家庭裡大大小小的衝突在這裡都有，一家人在協助七歲小女孩Olive去完成自己的夢想——參加一場兒童選美賽——的故事，兩整日的旅程中，少不了平日裡舊有的嘲諷、怨懟或爭執，但也還是有在不少的困難中看到了想要安慰、支持及保護的決心，故事因為平實而顯得動人，或許透過這個家庭的縮影，讓我們有機會進一步認識與討論，關於潛伏期的精神生活特徵。

一、靈魂之窗：七歲的女孩Olive在看什麼？

　　電影中的七歲女孩，戴著厚重眼鏡隨意紮起馬尾的她，專注的眼神，正停駐在認同著大人世界中的「美」，Olive看著電視中一場選美比賽，獨得后冠佳麗難掩的興奮與開心。她也模仿著得勝者的神情與姿態，或許也正在揣摩著「要做什麼」或「像什麼」才是受眾人喜愛的。似乎在她的心裡，此刻得到了「美麗」與「成功」的答案。

　　佛洛伊德（1911）認為潛伏期兒童的重要活動之一，是把幻想當成是一種防衛——作為抵禦本能滲透的願望的一種手段。在佛洛伊德的精神分析中，自我理想（ego-idea）成為意識或潛意識中內在形象裡的完美或理想化身，自我

（ego）也一肩扛起並嚮往追求的形象，追求外在的約束及群體的認同，潛伏期的兒童在情感上較前階段疏遠，加上學校教育及團體生活的進駐，為兒童打造了強大的精神生活堤防。

因此，強調意識到的好與壞、對與錯、優與劣等道德觀念，開始在這個階段受到青睞，學校教育頒布的賞罰系統、教室黑板上老師為每一排小朋友表現，給予的小蘋果或小星星、同學之間開始豎立起模範生表率等，也就是從個人化變成社會化的一員時，在這時候外顯上潛伏期的兒童在性的衝動及對象的選擇倏然而止，顯然地，原先他們對自己的身體和父母感情，焦點轉為對外界事物的興趣，原始的慾力便呈現出潛伏的狀態，沉睡於其間。換句話說，潛伏期的特點是本能表現的相對退行到後台，安娜・佛洛伊德（1936）在《自我與防衛機制》裡表示，自我（ego）發展在潛伏期的重要性，她說：「當性本能保持潛伏的時候，自我（ego）佔據著優勢，指導著孩童的行為，建構現實原則，並對外在世界的緊急情況產生第一次真正的適應。」

以上看似將潛伏時期當作一個慾力壓抑的大本營，所有關於性的活動及想望都在此階段歇息止步，前一階段伊底帕期時期與父母之間的情緒緊張也正於此瓦解、消聲或潛抑，

但潛伏期是真的以安靜的方式存在嗎？Kanter（1984）在《思覺失調症者的再社會化：在潛伏期的重新妥協》（Resocialization in Schizophrenia: Renegotiating the Latency Era.），表示一般人常常低估了潛伏期相對平靜的重要性發展，使得這時期的慾力主要是放在家庭之外的地方發展。換言之，對潛伏期兒童來說，自我的重構與功能變化相關聯的場域，或者以其他的方式及場域找到了可供理解及詮釋的空間。

　　不若上述認為潛伏期是因自我（ego）的適應能力或原慾被潛抑而靜止，而是仍以不同的方式活躍的想法。Donnellan（1980）在《在潛伏期期間的概念模式與象徵形成》（Conceptual Models and Symbol Formation During the Latency Period）裡的說法，「性驅力和攻擊驅力在潛伏期明顯的被區分開來，幻想（fantacy）允許驅力的非本能表達型式；幻想也允許驅力表達的去本能化，正如潛伏期女孩的陽具與肛門虐待式的跳繩般的節奏韻律。」這種說法或許不必然被大家接受，不過作者是在表達潛伏期孩童的外顯活動裡，可能潛隱的本能的動力。

　　克萊恩的觀點認為，潛伏期兒童已經徹底的將那些經驗和幻想去性化（desexualised），並以不同的形式

（form）重新處理過它們。她認為即使在潛伏期，學校與學習最初都是由原慾所決定的，因為學校迫使孩子昇華其原慾本能的能量。總之，仍是以性器的象徵為基礎，只是將學校進行的活動視為原慾流動的取徑的不同方向。例如兒童昇華的能力讓活動及學習的興趣提昇，但也同時滿足了潛在的原慾的投資貫注。反之，被閹割的恐懼則一直抑制及干擾了學習的成效，因為怕出錯而被處罰，因為那可能是在潛意識中，有著因交媾而獲得滿足的象徵意涵，而引發內心裡驅動出不允許的反應。

二、慾望之窺

　　《小太陽的願望》場景是真實家庭的寫照，片中我們看得到小孩、青少年、成年人、成婚的人還有老人的組成分子。或者換另一種方式看，也可以找到充滿期待的人、失意想死的人、真的死了的人、不斷追求成功的人、生活裡忙裡忙外的人、或是一直保持沉默的人……也都可以在這個家庭的每個角色當中，找到我們自己或曾經的那個自己。

　　電影中的媽媽是個操持兩個孩子及整個家庭的忙碌女人，爸爸是以提倡成功者九階段課程的生活教練，在生活

中強烈的信仰著成功者哲學，口語及態度上常批判失敗者的意志不堅，舅舅是研究普魯斯特的成功學者，但因其同志伴侶移情別戀，戀上他在學界的對手而自殺未遂，後來被接到Olive的家同住。正值青春期15歲的哥哥在家中拒絕說話溝通，說是得在成為飛行員的夢想達成後才能開口說話。愛看色情書刊、因吸食海洛因而被趕出養老院的爺爺，搬來同住後常常滿口髒話的抱怨生活及餐桌上的食物。

　　Olive的家庭在經濟上有些吃緊，這種現實上的窘迫，反而感受得到在這個家裡面的每個人——不論從老人（爺爺）、成年人（父母及舅舅）、青春期的哥哥到正值潛伏期的7歲女孩Olive——的慾望都顯得特別的鮮明且蠢蠢欲動，讓人不禁懷疑起所謂的「夢想」及「理想」，是否總是恰恰好的在窘迫的現實及心理環境當中特別壯大，莫不如此，或許便要遭受到不少失落感的迫害了。在Olive得知自己有資格參加兒童選美比賽後欣喜若狂，要想參加比賽，全家都必須前往，但因家裡經濟吃緊，便開著家中那輛破舊的黃色麵包車，載著六個人前往近1300公里外的目的地。

　　或許，在此會想到另一個社會環境的因素來思考。例如心理社會階段論的艾力克森（Erikson, 1950）在《孩童時期與社會》裡將潛伏期稱為工業時代；他強調那是自我形成

（ego formation）是積極步驟，而不是對性的潛抑。他認爲兒童「富有生產力的完成目標的願望，會逐漸取代遊戲的幻想」……。「工作原則教導了他透過穩定的注意力，和堅持不懈的努力完成工作的樂趣。」或人際關係理論的蘇利文（Sullivan）在討論潛伏期時，關注兒童從家庭關係、同伴關係及與教師關係的轉變。人際關係是塑造人格發展與適應的重要因素。在個人與社會情境的互動中，形成對自己及他人的社會知覺的自我系統，如何控制焦點意識，以更成熟的方法被取代。

　　蘇利文和艾力克森將潛伏期視爲是發展階段的觀點，被Alvarez以其他的論點來反對，Alvarez（1989）在《邁向潛伏期的發展：在邊緣型的孩童所展現的分裂機制與需要忘記》（Development Toward the Latency Period: Splitting and the Need to Forget in Borderline Children）認爲，「很遺憾的，他們忘卻了發展的連貫性，已有大量證據表明，嬰兒從出生開始就非常努力地工作（Wolff, 1974），並且從一開始他們就學會，專注於一個想法的同時，抑制另一個想法。」

　　影片中的選美比賽，顯然對於七歲的Olive是自我展現的有力方式，比賽帶著潛伏期的她攀附上更大的慾望滋長，

再多的橫生枝節，但透過潛伏期的規制及加工，問題被否認，它的性本能強度被用於昇華的冬眠技術。

　　「昇華」協助規訓童年散亂的慾力，讓自己同化在體制裡及團體生活中，像是不少老師或父母這樣的權威者及領導者，潛伏期的兒童在心意上尋向他們，籠中之鳥反而便有了未來對自由的希望，再來一段卡夫卡的話，大意是有一個籠子在尋找一隻鳥，但你要作一個籠子還是一隻鳥，有時決定權並不在你自己手中。即使像是在狹隘的屋子裡亂竄的飛鳥，總是想要衝破現實的窗口，尋找那個未曾相見，但那個所謂比較好的我。

　　因而，「潛伏期」在教育或親職教育界，會特別受到歡迎可能是因為，外顯上讓自己變好是值得鼓勵的自我追尋，所以在社會上通行無阻，Olive對「美」追尋不會招致非議，例如在該劇中每個小參賽者以「美」來競爭，每個如Olive差不多大的孩子，排排站開然後每個競選者穿著貼身的泳裝、上了捲子的捲髮、露出訓練有素的招牌笑容及模特兒的標準姿態，彷彿就是孩子氣的佳麗選舉，讓純樸的Olive似乎相形見絀，她就是一般孩子的站姿，也還有膽怯的享受在台前，但是從未領教過成人世界遊戲規則的她，這種最自然的樣子似乎反而讓她有些手足無措。

接下來的才藝表演，大家更是拿出了多年訓練出來的拿手好戲，舞台是小大人版個人秀的復刻，但Olive的才藝表演則是牽涉到需要被掩飾的本能驅力，因而她的演出馬上就被在場的群眾攔下或進行道德上的批判，因為Olive上台跳的是一段爺爺教她的才藝舞蹈表演，引起眾聲嘩然，是因為Olive跳的是幾個豔舞招牌橋段，她對什麼都不知情，這意味著對色情不知情的Olive，看到觀眾驚慌失措的反應，對於賣力演出的Olive來說，反而讓她困惑，不知這些噓聲是為什麼而來的。本能透過化粧及喬裝的方式存活著，太快的露底反而會讓本能生活無所遁逃，意味著人們無法承擔直視本能赤裸的擺在眼前。

三、初戀：過渡空間

　　先引用屠格涅夫《初戀》做為說明的基礎：

　　客人早已各自乘車散去。午夜十二點半的鐘聲敲響。房間裡只留下主人，還有謝爾蓋・尼古拉耶維奇與弗拉基米爾・彼得洛維奇。

　　主人搖鈴，吩咐收走剩餘的晚餐。

「好啦！所以就這麼定了，」他說完，身體更深地坐進安樂椅，點燃一支雪茄，「我們三個人都必須把自己的初戀講出來。先從您開始，謝爾蓋‧尼古拉耶維奇。」

謝爾蓋‧尼古拉耶維奇，圓滾滾的有點發福，胖嘟嘟的臉上蓄著白鬍子，朝左邊望了一眼主人，隨後抬頭看著天花板。

「我沒有初戀，」他最後說：「我直接一開始就是第二戀了。」

「此話怎講？」

「很簡單。第一次追求一個很可愛的小姐時，我十八歲。但我追她的時候，好像也沒有什麼新鮮感：完全跟我後來追別人的時候一樣。本來嘛！我六歲時愛上我的保母，那是我的初戀，也是最後一次的戀愛，只不過這是很久以前的事了。在我的記憶裡，所有的細節都已經模糊不清，不過即便我還記得，誰又會對這個感興趣呢？」

「既然如此還能怎麼樣呢？」主人接過話頭，「我的初戀故事也沒什麼值得一提。在認識安娜‧伊凡諾夫娜，也就是我現在的妻子之前，我跟她誰都沒談過戀愛。而且我倆的關係發展也非常順利：親家大人提好親，我們很快就墜入愛河，然後什麼也沒耽擱，順理成章舉行了婚禮。我的戀愛故

事兩句話就能說清楚。兩位先生，我得承認，挑起『初戀』這個話題，原本就是希望聽你們兩位雖說不算老、但也不年輕的單身漢說說。難道您不能講點什麼有趣的，弗拉基米爾・彼得洛維奇？」

「我的初戀倒還真屬於不太普通的一類。」弗拉基米爾・彼得洛維奇稍稍有點遲疑地回答。他四十歲左右，一頭黑髮，稍微有點蒼白。

「哦！」主人和謝爾蓋・尼古拉耶維奇異口同聲說：「那更好啊……就請您說說吧。」

「說……還是不說呢？我還是不說吧。我不是說故事的高手，要嘛說得乾巴巴，太簡短，要嘛就漫無邊際、瞎編亂造。如果你同意，我就把能記得的都寫到筆記本上，然後讀給你們聽。」

兩個好友們起初不同意，但是弗拉基米爾・彼得洛維奇兌現了自己的諾言。

（駱家譯，屠格涅夫，初戀，頁21-22，時報出版。）

也許有點跳tone，還想為Winnicott的「過渡空間」（transitional space）協尋一個好的比喻時，跳出了屠格涅夫的《初戀》。「初」：第一次，發現那屬於自己的，非

我的，所有物。「戀」：無人可理解的意義與情感、祕密的生活、無人可進得來。《初戀》：第一次有一個「非我」之事進來了，或許不建基於理解之上，而是建基於自己的創造之境。這麼拼拼湊湊的聯想，或許就感覺過渡空間像是人生當中第一場與小棉被的初戀場景。

過渡空間是Winnicott重要的核心概念之一，意指：在外在現實與內在現實間的經驗領域。主觀客體和真正客體之間得以融合，即使是矛盾現象也能被接受。最初，嬰兒全能的錯覺感（illusion of omnipotence），為他帶來了母親的乳房或照顧是屬於自己控制的範疇。「過渡客體」（transitional object）是第一個「非我」所有物（the first not-me possession），乃是嬰兒本人的發現或創造，這些體驗是介於自己的拇指與外在的泰迪熊之間，介於口腔快感和真正的客體關係之間。常見的「過渡客體」包括毯子一角、舊衣服、玩偶或是牙牙學語、重複的動作或小曲調等。而發展過程裡的過渡地帶及現象，可供個人體驗、玩耍、安撫及休息的最早擁有的處所。

Laplanche和Pontalis（1973）指出佛洛伊德認為「潛伏」是一段時期（period），而不能算是一個階段（stage）。因為「嚴格來說，這個時期沒有新的性組織」

的說法，似乎預示對潛伏期所帶來的懸置感與停擺感。而Alvarez（1989）引入了Bion的觀點，「所謂的組織，是圍繞改變與物體的關係而組織的，因而嬰兒不僅喜歡和討厭他的客體，而且希望了解他（她）們，不僅希望了解母親身體的內容，還希望知道身體的內容和母親的思想，心智從生命之始就需要精神上的溝通。他的alpha概念，卽他所說的允許思考其思想，並賦予經驗具有了意義的心智功能，視為進行中的過程，是他們自己的權利，而不是純粹為了防衛更『基本』的幻想，潛伏期的兒童可以是以一個完全不同的客體來組織其感受的歷程。」薩爾諾夫（Sarnoff, 1976）認為，幻想成為發生這種變化的工具：孩子通過幻想獲得掌握。這個看似簡單的想法，是理解象徵發展和使用的核心概念。

若泰迪熊可以象徵媽媽的乳房，那麼泰迪熊本身的多重隱喻性質，讓過渡客體與符號表徵兩者的關聯性可以被建立起來。差異性及相似性的調和，剛好可以作為眞實客體與表徵物之間的橋接，遊戲及創意想像的心智空間，得以擴增及多重配置，因而，家家酒遊戲中沒有人會計較，為什麼樹葉可以當碗、在藝術文化領域中也不會質疑寓言、神話或抽象畫的眞實性、拉小提琴亦不等同於手淫、玩笑話也不會當

真，此外，還可以作夢！

克萊因（1930）《在自我的發展裡，象徵形成的重要性》（The importance of symbol-formation in the development of the ego），提及在幻想中描述了兒童象徵化的過程，其中代表父母和焦慮源的部分對象被轉化為新的對象，從而被新的對象所表徵，這些對象本身成為焦慮的源頭，然後必須被象徵化。這個過程繼續下去，在孩子身上不斷地需要尋找新的外在物體，來充當這樣的象徵。因此依克萊因的見解，象徵主義不僅成為所有幻想和昇華的基礎，更重要的是，在它上面建立了主體與外在世界有著一般現實的關係。除了將象徵視為處理焦慮的機制外，潛伏期自我功能的變化，也應看到兒童有更好的能力，將象徵的差異性意涵應用於，有著昇華意味的內容，例如在學業上及群體中的學習。

Alvarez（1989）指出，分裂機制（splitting）除了視為是防衛之外，亦可能是表徵能力發展的開端，或許借用 Winnicott 的一個詞「促進的功能」（facilitative function）來試圖理解，兒童能專注於一個想法、一個任務或一個主題，都需要集中注意力，但它也需要有能力忽略其他想法、任務和主題，需有能力把其他人放在一邊。它似乎

也需要讓思想、任務、主體願意留在後台等待，輪到他們時再上場，所以它也是與自己的思想某種客體關係。這種分裂機制具有重要的發展功能，絕非純粹是防衛性的。

　　Donnellan（1980）認為，潛伏期須考慮到兒童以獨特方式，使用象徵的能力已有擴展了，即以一種不那麼直接、目標抑制的方式表達願望和衝動。這些成就反映了結構上的變化，表現在更好的衝動控制上——在認知的掌握上和語言的使用上，而不是行動表達願望的興趣日益濃厚。臨床上，這種想法被證明是有用的，因為在潛伏期自我（ego）的重構，是透過在幻想中精神分析式的象徵（psychoanalytic symbols in fantasy）的使用來培養的。

　　滿嘴髒話的爺爺雖然常是情緒性的發言，但他卻最為重視Olive，參與著她大大小小的生活，兩人關係相當親近，甚至連Olive選擇的才藝表演，也是由爺爺一手訓練及包辦，雖然這個才藝表演的內容，為Olive在選美比賽過程中遭遇到很大的麻煩。

　　分析過程中提供的過渡空間，就像是嬰兒時期的照顧在分析中的再現，分析師作為客體，協助或發展讓個案有使用分析師的能力，探索個案在依賴、抱持環境（holding enviroment）和過渡現象方面的嬰兒和童年經歷，這些都

是精神分析過程的關鍵。

在Olive的家庭中，現實上讓人不甚滿意的環境、老是抱著成功學意見的爸爸、忙碌到無法照顧自己的媽媽、總是口不擇言的爺爺、爲情自殺的舅舅、滿腔憤怒但拒絕溝通的哥哥，還有快要解體幾近失功能的麵包車。但是在兩天的旅程中，在需要及困難的時候，他們似乎總能在自己及他人同時都感受到失敗及困頓的時候，願意讓自己被他人使用，那輛破爛失能的麵包車，是要大家一起人力推車才會發動、喇叭一路失控的亂鳴，到達會場時還車門掉落，載著失能的一家人……眞的萬般都不夠好，但是在被使用的時候，也眞的是恰恰夠好就好，順便的完成了這一趟全家人的旅程。

如同Friedenberg（1957）《對潛伏期的某些想法》（Thoughts on the Latency Period）裡所說的，「潛伏期向本能驅力證明，它們可以被完全克服，並邀請它們通過貢獻能量來參與新的秩序，只爲建立一種新型式的生活。」或許，從潛伏期起，人開始在社會上開始有了外形與影子，立竿則見影，最困難的都是發生在外形與影子之間的事。如同卡謬《薛西弗斯的神話》中：「既然談到象徵，就代表存有兩個層面：想法與感官的兩個世界，還有一部聯繫這兩個世界的辭典。最困難的就是建立聯繫這兩者的辭典。但是，

意識到有這兩個世界的存在，就已踏上通往它們祕密關聯的道路。……我們似乎在此又聽到尼采不斷被引用的那句話：『偉大的問題就在街上。』」（嚴慧瑩譯，頁194，大塊文化出版。）

　　若是如此，「過渡空間」抑是我們漫遊散策的那條街，那裡有了我們的辭典。

參考資料

· Sarnoff, C. A.. Latency. New York: Aronson, 1976.

· Székely, L. (1957). On the Origin of Man and the Latency Period1. Int. J. Psycho-Anal., 38:98-104

· Freud, A. 1936 The Ego and the Mechanisms of Defence (London: Hogarth.)

· Donnellan, G.J. (1980). Conceptual Models and Symbol Formation During the Latency Period*. Psychoanal. Rev., 67(3):291-312

· Schafer, R. A New Language for Psychoanalysis. New Haven: Yale University, 1976.

- Erikson, E.H., (1950) Childhood and Society. Harmondsworth: Pelican. Greenberg, J.R. and Mitchell, S.A., (1983) Object relations in Psychoanalytic Theory. London: Harvard University Press.

- Alvarez, A. (1989). Development Toward the Latency Period: Splitting and the Need to Forget in Borderline Children*. J. Child Psychother., 15(2):71-83

- Laplanche, J. and Pontalis, B., (1973) The Language of Psychoanalysis. London: Hogarth.

- Jones, E. The Theory of Symbolism (1916). In Papers on Psychoanalysis.

- Baltimore: Williams & Wilkins, 1948, (a) p. 90.

- Klein, M. (1930) The importance of symbol-formation in the development of the ego. In Contributions to Psycho-Analysis, 1921-45. London: Hogarth Press, 1965.

- Friedenberg, F.S. (1957). Thoughts on the Latency Period. Psychoanal. Rev., 44(4):390-400

【講員簡介】

陳瑞君

諮商心理師
《過渡空間》心理諮商所所長
臺灣精神分析學會會員
臺灣醫療人類學學會會員
臺灣精神分析學會推薦精神分析取向心理治療師
臺灣精神分析學會《台北》心理治療入門課程召集人
松德院區《思想起心理治療中心》心理治療督導
國立臺灣師範大學教育心理與諮商所博士班研究生
聯絡方式：intranspace@gmail.com

潛伏期和心智化（mentalization）VS《庫洛魔法使》

魏與晟

大玩具年代

動漫現在占據了小朋友到青少年的生活，動漫作品涵蓋範圍很廣，針對的對象也不同。大部分動漫的受眾是青少年，因為如同上次講到的，動漫產業就像是大人們去回顧自己混亂的青春，而重新創造出來的文化。然而動漫族群不只是青春期的少年少女，雖然就目前而言，這是最緊扣日本動漫核心的現象，但事實上動漫早在非常年幼的族群中就出現了，像是一些幼教節目，也或許有人是看著米老鼠或湯姆貓與傑利鼠長大。總之動漫百百種，今天特別想談的，是潛伏期這個神奇的時期，以及此時期孩子的心智經驗與相呼應的動漫文本。

潛伏期的年齡大概可以對應到差不多小學生的時期，在動畫中有個特殊的分類，叫做「子供（子ども）向」意思

是專門做給小孩子看的動畫，大約就是4-10歲左右的這個時期，恰好對應到潛伏期。等孩子上國中後，這種子供向動漫就會顯得過於幼稚而使他們慢慢失去興趣，但在小學時，那可能是孩子生命的全部，在課業壓力還沒有很重的年齡下（除了上私校的國小生們，他們或許有其他問題在），小學生們除了去接觸大自然之外，更會把很多心力放在電視上，為了下午四點半播出的卡通而趕快寫完功課，或是為了能去朋友家打電動而趕快做完暑假作業等等；當然也可能藉由考好成績以獲得父母買的鋼普拉模型，來滿足跟班上同學比較的那不上不下的潛伏期虛榮心。

　　子供向動漫其實市場非常大，事實上所謂的「玩具」產業就與潛伏期密不可分，這邊指的玩具並非幼兒期的玩具，像是火車或填充玩具，而是像變型金剛、哥吉拉、公主變身禮盒等等的玩具。玩這種有些伊底帕斯意味（意思是遊戲中已經有了競爭或威脅性的內容）的玩具並把他們蒐集起來，好像是這個時期的成就。不過上述所講的已經是十幾年前的事情了，現在玩具公司對小學生的產業花招更豐富，像現在百貨公司的玩具樓層都會擺有許多大型機台，都是一些「蒐集」取向的卡片類遊戲，像是甲蟲王者或是假面騎士系列，女生的話就是魔法少女或名模變身系列的集換式卡牌遊戲，

只要擁有對應的卡片，就能夠在大型機台內有相對應的3D效果，可能是某種招數，或是某件衣服等等。這是隨著科技與商業經濟，目前潛伏期孩子對玩具的樣貌，而為何此時期的孩子會被這些東西吸引，父母又為什麼願意花錢幫孩子滿足這些願望，還有這與過往的實體玩具有什麼差別？以上都是值得細想的問題，但這卻不是這篇文章的重點。我希望能夠繼續討論一些潛伏期動漫的特性。

潛伏期的動漫與青春期的動漫

小時候因為第四臺的節目頻道沒有被管制，電視分級也不夠嚴謹，所以我在潛伏期的時候常常會看到一些青春期的動漫作品，當時有個叫做首華卡通台跟中都卡通台的頻道，或播放類似《萬能文化貓娘》或是《無責任艦長》之類的偏青少年或成人向的動漫作品，還是小學生的我雖然不盡然看得懂，卻很明確的知道「這種作品給爸爸媽媽看見不太好」。帶著好奇與抗拒交雜的心態偷看下去。反之，小學生看針對潛伏期的作品，心中就不太會有像是偷做壞事一樣的感覺，像是寶可夢、暴走兄弟、妖怪手錶等等的作品。所以在那個年齡時，對於什麼是性，什麼是害羞，其實心底已經

有個答案（畢竟已經渡過伊底帕斯期了），但那個答案卻又模糊的懸置在那，並沒有繼續想下去，如同佛洛伊德說，性的能量在這個時期就停滯於此了。

佛洛伊德提到潛伏期這個詞實在是精闢，但我其實更喜歡叫它「萌芽期」，小學常常自然課會教人養綠豆，種子在發芽前，其實有很大一部分的時間是在「生根」，然而表面上卻看不出來，如果不看土壤的剖面圖，沒耐心的話還會以為種子已經死了。之所以叫萌芽期，是因為我認為不只是原慾的衝動匍匐在底下，為了青春期而生根準備，而是有些感受真的「萌生」了。潛伏期是很神奇的時期，卻又很容易被忽略，真的要說明確的時間點又說不出來，因為他沒有什麼指標，他是夾在兩個非常具有特色的時期中間的一個過渡地帶——在性蕾期與青春期中間；我們心中能很清楚想像性蕾期——或伊底帕斯期的小鬼是什麼樣子，也能勾勒出各式各樣青春期的叛逆與悸動，但夾在中間的潛伏期，記憶卻模模糊糊的。在性蕾期時，孩子已經知道了些什麼，他們知道自己是小孩，跟大人不一樣，知道有些東西很令人興奮，知道父權具有威脅性，也知道自己必須做些什麼才能夠擁有想要的東西。但又不到青春期，會想要真的交男女朋友，會跟班上的人搞小圈圈排除不喜歡的同學，會自顧惆悵的想著自己

是誰，並想做些什麼去證明自己。同樣的，潛伏期的動漫也有這樣的特色，貌似要對抗什麼，貌似要出去冒險，貌似要談戀愛，但一切卻又無疾而終，或是說用闔家歡樂的方式收場，觀者也會有類似的期待，若動漫超出了「大家都是好朋友」的範疇，譬如說角色間真的發生性行為，或者是敵人真的被很殘酷的殺死了，此時的孩子心靈就會受創。

　　這兩類的作品到底要怎麼區分，說實在也沒有很制式的標準，我試著用比較主觀的角度做些區別：（1）實際年齡——這兩者最直接的差異可從主角的年齡看出來，潛伏期動漫的主角大部分都是小學生，青少年動漫的主角大部分都是國中生以上，可能是希望受眾有帶入感；（2）對於性的描寫——潛伏期動漫對性的描寫是去性化的，通常會有異性的男女主角愛情，但都僅是點到為止，人物身材也都不會刻意突顯性徵；反之青少年動漫會刻意描寫角色間的愛情戲分，甚至是主軸，角色穿著也趨向裸露；（3）對立性——潛伏期的動漫雖然也有好人與壞人，但區分並不明顯，像是寶可夢中的火箭隊，敵人被打敗並不會真的死亡，並且刻意強調同伴的合作；反之青少年動漫有清楚的敵我關係，敵人很可能會真的死亡，並且有很明顯地反體制或反權威的意涵。

　　會想要區分這些，是因為想探討這些動漫內容的差異，

到底呼應到哪些潛伏期的特殊心智狀態，而這些狀態在跨到青春期時，又會有什麼樣的變化？或需要做什麼樣的準備？

潛伏期的心智狀態──雙重模式的整合

是的，上述的一些特性，我都認為跟自我的建構有關；由於自我建構的能量跟原慾能量有很直接的關係，我們會談嬰兒時期的自我，或是青春期的自我（在那時候可能會比較接近自我認同這個主題），但很少談潛伏期的自我發生了什麼事情，彷彿自我也伴隨著原慾衝動一起停滯了。我認為上述的現象，描繪了在潛伏期時自我建構運作的模式，在潛伏期時「潛伏」著，在水面底下運作著一些準備。我們也知道這些東西會在青春期時暴發開來，但很少去談正常發展中潛伏期的遊戲與兒童遊戲治療中出現的遊戲似乎有質上的不同。遊戲治療中的遊戲彷彿在處理嬰兒期的心智狀態，混亂、分裂、攻擊的戲碼頻頻上演，又或者是競爭、分離、躲貓貓，關於伊底帕斯與失落的一些性蕾期的故事；但潛伏期的遊戲，默默的在進行，彷彿就是為了準備青春期的到來而發生的遊戲。

心智化理論中，強調人的心智運作分成兩種原始的模

式——精神等同模式與假扮模式——前者是在講述人心中有種經驗，會認爲內在的感受就完全等同於外在，沒有區隔，像是迫害妄想這類的感受，就是由此而來；而假扮模式則是相反，認爲內在的感受與外在完全沒有關係，或是不能有關係，這導致內在世界很安全，但同時與現實抽離。心智化理論用這兩種模式在描繪人心智原始的狀態，我們在特定情境或是高壓力狀態下時，也可能會退回到這兩種狀態中，或是在處理嚴重邊緣性或自戀性的個案時，常常會發現他們的心智退回到這兩種模式下運作。

在心智發展上，大概就是幼稚園再大一點時，當孩子開始想要玩扮家家酒遊戲的時候。扮家家酒遊戲有個非常重要的目的，就是整合兩種原始的心智模式，因爲在扮家家酒中，那是一個可以區隔開現實的遊戲，同時經驗到一些現實的衝擊，能夠在沒有後果的狀態下好好經驗。所謂的扮家家酒，既有假扮的特性，又有著現實的意涵，我小學時玩過最殘酷的扮家家酒，是每個人在扮演不同國家，臺海情勢的家家酒（那時候大人們剛開始談論九二共識），當然在遊戲中，飛彈打來打去並不會怎麼樣。扮家家酒有一個重要的元素是，要有大人的在場，大人不去介入這個假扮的世界，但能提供現實的框架，如此一來孩子就能用自身的能力，慢慢

理解這個世界。

其實我們可以聯想，上述的潛伏期動漫或玩具，都是扮家家酒遊戲的延伸，孩子在試著用一些方式來處理自己內在的問題。如同上述講到的，潛伏期動漫最重要的就是：它沒有後果，贏了很開心，但輸了也不會怎麼樣，壞人被殺不會死，戀愛了也不會馬上生小孩，是一個神奇的世界，在這種世界中，小學生們投入了全部的熱情在這個世界中，而不是在某個特定的客體上，導致了所謂的潛伏期停滯的現象。從這個角度來看，買玩具給小孩玩其實有個發展上的意義，他是個成人面對孩子用假扮遊戲處理自己內在狀態的簡單妥協方案，父母不需要真的見證孩子的扮家家酒遊戲，而是透過獎賞機制的現實操作（考試考好就能買）來替孩子的遊戲提供現實框架，當然，這個獎賞機制的合理與否也會考驗到父母的功能。

雙重模式整合的魔法──潛伏期動漫的元素

除了講上述的理論，以下我想舉幾個我觀察到潛伏期魔法的內涵，它們充斥在動漫作品中，我認為可以藉由討論這些元素，來反推潛伏期的心智：

（1）魔法

　　潛伏期遊戲的另一個特色，也是潛伏期動漫很重要的元素，那就是「魔法」。若這兩種心智狀態能夠結合在一起，到底是透過什麼樣的機制，人類可以去平衡「自身的感覺等同於外在」跟「我的感覺跟外在一點關係也沒有」這兩個極端的狀態，而進到更成熟的「原來外在現實只是心中的一種表徵」？也許就是魔法這個東西的存在。

　　魔法在潛伏期的動漫或玩具中，幾乎是不可或缺的存在（ps.雖然青春期的動漫中也充斥著幻想元素，但我認為在本質上有所不同，青春期動漫較偏向奇幻類的設定，而不強調魔法本身），甚至可以說沒有魔法或類似魔法的機制的話，那些動漫就一點都不好看。就拿大家耳熟能詳的美少女戰士（其實是偏青春期的動漫）為例，潛伏期的魔法，一方面有神奇的扮家家酒的味道，可以奇蹟似地變換服裝與身分，又具有精神等同的意味，魔法可以直接攻擊別人或更改外界現實的狀態，這種魔法也很常在遊戲治療中看到，同時這種魔法與幼兒肆無忌憚的任性，那種誇大而直接的願望滿足又不太一樣，它帶有著一些責任感與使命感，所以魔法本身是有個現實框架在的，這類的動漫就好像是個大型的遊戲治療場域，孩童們藉由觀看來建構自己的內心世界，而玩玩

具好像就是在這個文化與內心的中介地帶做出參與。

(2) 變身

變身也是潛伏期動漫的一個非常重要的元素，例如上述的美少女戰士，以及各種魔法少女類的作品，都是這類動漫作品的核心。少女向的作品變身有種「化裝」的味道在，通常會變得比較性感或比較有魅力，若是給男生看的作品，則是以穿上裝甲或變成另一種較剛強的形象居多。我認為這些變身可以直接呼應到一些扮家家酒遊戲中的角色扮演，並直接指出潛伏期小孩在對於「變成大人」的準備做想像，同時也在處理他們內在的伊底帕斯幻想。

當然我認為變身有更複雜的內涵在，例如有些變身的動漫強調「必須隱藏真實身分」或是一個人必須有「雙重身分」這件事情（其實超人的克拉克肯特是最好的代表，不過那是美國英雄漫畫），這其實也涉及了這個潛伏期的孩子處理自我概念的奧妙，如心智化書中第六章的案例蕾貝卡，她在遊戲治療時變創造出了自己的分身，另一個蕾貝卡，而自己則是當鄰居的女孩，讓治療師分不清楚誰是誰，藉由如此來玩一種另類的捉迷藏遊戲——父母到底能不能看見我的內在狀態，變身在這邊也包含著孩子在想像父母心中的自己

的樣子，希望變身後的自己能夠被肯定，同時也希望變身前的自己能夠被看見。這種在潛伏期時的自我探索到青春期時會更進一步到自我認同的議題，此時更多清楚的命題才會浮現，包含我想做什麼、性向、自我價值感等等，所以延續此議題的動漫作品也很多，經典的像是千面女郎或類似題材的作品，就是在青春期或更成年期繼續探索此議題，而潛伏期的自我議題可能是這些議題的雛形。

（3）蒐集

　　這點我認為比較具有爭議性，但我認為「蒐集」這件事情是從潛伏期開始的，我說的不是與肛門期有關的強迫控制或是無法忍受分離，而是想把一些東西集滿而產生的好或成長的感受。潛伏期動畫中有許多都有這樣的主題，原本某個東西四散了，主角們為了要把它慢慢蒐集回來而踏上旅程。

　　蒐集這件事早於動漫流行前就發生了，還小的時候，大約就是在剛上小學的時期，流行「拼拼」或是「鬥牌」這種小玩具（尢仔標），那應該是源自於日本粗點心店（在臺灣叫做柑仔店）的小玩具，是一種塑膠製的扁平圖案，看誰能把自己的拼拼彈到覆蓋住別人就算贏。當時蒐集這種小玩具變成了班上的時尚，除了蒐集拼拼外，蒐集橡皮擦、鉛筆

盒。直到日本玩具廠商把腦筋動到小學生上面，之後出現了許多以賣玩具爲主要目的的廣告動畫，像是「四驅車」或是「戰鬥陀螺」這類的商品，蒐集這些玩具除了有一種虛榮感外，更有種原始的自我認同味道。除了玩具，大概就以卡牌類遊戲爲大宗。卡牌類本身就具有蒐集性的目的，除此之外就是它們的功能性，每張卡牌都有自身的功能在，就拿戰鬥類的卡牌來說，有些能攻擊，有些能補血等等。把一張一張牌補足，好像也充實了想像中自我各式各樣的能力。

佛洛伊德的孫子玩毛線球的遊戲，代表了個體運用一種象徵的方式在經驗分離的感受，這已經是耳熟能詳的故事了；在這之後，溫尼考特也曾經描述到兒童偷竊的行爲問題，是想要把童年失去的東西給搶回來，又更延伸了這個主題；進一步想像，若在潛伏期兒童們都沉迷於「收集」的行爲，是在試圖體現什麼樣的感受？我把蒐集行爲想像爲：企圖使事物完整，並從中獲得成長性的一段歷程，相對於溫尼考特描述過去受到環境壓迫的孩子，企圖把失去的東西搶回來，那麼蒐集行爲會不會在健康孩子的潛伏期發展中，是開始要把一些已有的東西，慢慢拼湊到完整呢？當然如果我們也能想像曾受過某種發展創傷或扭曲的孩子，在這個階段會有強迫性蒐集的行爲，然而蒐集帶來的那種成長般的喜悅早

已蕩然無存，因為自我的焦慮已經取代了遊戲的意義。

庫洛魔法使——代表性的動漫作品

　　從潛伏期跨越到青春期的狀態相當有趣，有些感受開始萌芽，卻又不能成真，大概就是在小學高年級的這個階段。這個時期有個代表性的動漫作品——庫洛魔法使。庫洛魔法使在講述女主角「木之本櫻」——一個處於潛伏期小學四年級的學生，並不知道自己天生擁有龐大的魔力，冥冥之中繼承了自己的祖先庫洛‧里德遺留下來，具有魔法能力的卡牌——庫洛牌。由於小櫻的力量還不足以控制庫洛牌，所以庫洛牌們四散各地作亂，在過去庫洛‧里德的守護獸——可魯貝洛斯的幫助下，慢慢解決發生在各地的奇幻事件，把庫洛牌一張張找回來。在第二部中，庫洛‧里德的轉世更直接現身，看似有大陰謀，但實際上是為了幫助小櫻慢慢成為一個不會被自己能力淹沒的魔法使，在最後劇場版中，小櫻終於創造出了屬於自己的卡牌。

　　為什麼這部作品具有代表性？當然首先是女主角小櫻在動漫史上被賦予了「初代萌王」的稱號，許多動漫族群心中第一個感到「萌」或是「可愛」的對象，都是女主角小櫻，

萌這種感受很奇妙，混雜著對嬰兒或小動物的「可愛」感以及對於成熟性刺激的「興奮」感，這種介於可愛與興奮之間的感受，好似不成熟的性或戀愛。當然除了女主角可愛，庫洛魔法使還涵蓋了我上述潛伏期的動漫的所有元素，結合變身（雖然小櫻不是真的變身，而是每次都穿著對她有同性戀幻想的摯友大道寺知世做給她的衣服）、魔法、蒐集三元素於一身，同時包含了男性成分（戰鬥）與女性成分（換裝）的要素，可以說是一種潛伏期幻想的綜合體。我們也可以說，各種庫洛牌在投射的層面，是小櫻自身各種施虐性幻想的投射，但反過來在內攝層面，就變成了自我的能力與技能。而在其中瀰漫的興奮感，一開始並沒有被明確指向某個性客體，而是有各種模糊性，一直到最後才慢慢形塑成對男主角小狼的感情。

　　庫洛魔法使中並沒有反派角色，裡面的「大人」們一開始雖然神祕，但真實的動機都是不斷在測試小櫻，並幫助小櫻慢慢成長，因為小櫻身為魔法使的能力還不足，必須把從庫洛‧里德那繼承過來的卡片，變成自己的版本時，才能夠成為成熟的魔法師，所以這部動畫很特別的，主旨並沒有放在拯救世界、打敗邪惡，或完成什麼偉大的計畫，而是在小櫻自身的成長歷程，說的更清楚，是讓小櫻成功度過潛伏

期，而有能力邁向青春期的過程。

　　庫洛魔法使整部動畫中，呈現了一種很如夢似幻的氛圍，許多東西都停滯了，而所有的事情都變得有可能，小櫻在收集卡片的過程中，並沒有要馬上解決問題，反而是懵懂的在遊戲中，嘗試各式各樣的可能性。小櫻在捕捉卡牌與運用卡牌時，比起戰鬥，更像是個解謎遊戲，小櫻必須要試著去「了解」卡牌的特性，才能成功捕捉到卡牌。整部動畫也沒有很緊湊的壓力，小櫻在一個有很大空間的狀態下，慢慢理解卡牌，或是理解週遭朋友不為人知的一面。總而言之，我認為庫洛魔法使這個動畫，是在一個有大人在場的情況下，潛伏期的孩子慢慢在被給予的空間中去探索自我，從而發現自我各種可能性，並進一步開始理解他人各式各樣心智狀態的歷程，最終她成功邁向了青春期，並成功建立了一套新的自我認同。這個過程是隱微的，觀眾們跟著小櫻的猶豫、矛盾、掙扎，更多的是悠閒與無所事事，就這樣沒有什麼太大壓力的，如夢似幻的度過了潛伏期的種種，若有似無的感情，若有似無的掙扎，我想這就是最健康的潛伏期狀態。

潛伏期的瘋狂與瘋狂的鎮壓

　　溫尼考特在〈對於潛伏期的分析〉這篇文章中有一段話很有趣，他說到：「若一個幼兒很瘋狂，我們會覺得那是正常的，但若一個潛伏期的孩子瘋狂，我們會說他問題很大。」庫洛魔法使給了一個如夢似幻的「健康潛伏期發展」，那些瘋狂就這樣被若有似無的，一點點的被拼湊成自己的樣貌，但也許有些孩子，事實上在潛伏期被轉介來，應當是兒青治療的大宗，他們的瘋狂，沒有辦法用這種輕飄飄的方式對待。但若小櫻沒有辦法成功鎮壓那些作亂的庫洛牌，裡頭的大人們沒有在旁邊作為「鷹架」來幫助小櫻成長，那些已經過了伊底帕斯期，卻又還沒到青春期能成功灌注到特定對象的混亂與瘋狂，會是什麼樣子？

　　在《心智化：依附關係、情感調節、自我發展》這本書的第七章中有提到一個個案——格倫，雖然已經進到青春期，但是心智狀態還維持在潛伏期的位置。格倫是個15歲的孩子，但外貌看起來像10歲左右，有著強迫加重鬱症的診斷；格倫的特色就是有很多奇怪的想法，像是他覺得確實有「魔法」的存在，有各種儀式行為，用以避開厄運，有許多侵入式的想像，認為電影「異形」裡面的怪物是真的，有外

星人或蜘蛛想要入侵他，同時也有自己會傷到別人的攻擊性幻想。在治療開始時，格倫是相當惹人討厭的孩子，他害怕治療師會攻擊他，也害怕治療師，治療師很難接觸到格倫，處處令人挫折，在治療過程中，格倫不只無法遊戲，還不斷尖酸刻薄的攻擊治療師，有時甚至令治療師感到格倫的診斷被低估了，認為他應該是更嚴重、更難搞的重症個案。

格倫這個案例中，他呈現出來的元素與庫洛魔法使相當相像，只是他的魔法是入侵式的迫害妄想，他的蒐集是強迫式的儀式行為，他無法變身成帥氣的騎士或可愛的魔法少女，他只能在學校中呈現出瘋狂的樣貌，用問題行為的方式被其他人看見。庫洛魔法使那些粉紅色朦朦朧朧的美好感覺，在格倫身上則是強烈且投射性的不舒服感。

想當然，對這類型的個案單純的詮釋並沒有幫助，格倫總是穿著大外套，把自己縮在外套裡面，眼睛無法看著治療師，不但不說話，甚至有種自己快要瘋了的感受。在放棄一些公事公辦的做法後，治療師嘗試輕鬆的跟格倫開起玩笑，包括了格倫訕笑治療師（彼得·馮納吉是個光頭），以及常用尖酸刻薄的方式表達治療對他來說很痛苦等等，慢慢的格倫開始感受到治療師能夠承受住自己投射出來那個令人不舒服的部分，開始慢慢能說話。格倫慢慢開始能講自己的

症狀、幻想、對父母的感受，尤其是一些對性的施虐想像，治療師認為格倫的那些迫害式的想像其實是自己施虐衝動的具現化。最後，格倫有辦法談論對父母相互爭吵的感受，了解父親「情緒勒索」家人背後的原因，以及對於大人性的想像。治療到最後，格倫會想要去真的交一個女朋友，並且各方面的症狀都有好轉。治療師認為，治療之所以成功最重要的原因是格倫在治療中經驗到一種空間，他可以在那個空間中玩之前沒有辦法玩的遊戲，而把過往（也許就是指潛伏期）沒有機會整合的狀態整合起來。我想這就是有大人在場的遊戲的意義，透過了大人對那些內在狀態的承受與看見，也許格倫也經驗到內在從一個類似伊藤潤二漫畫（日本知名恐怖漫畫家）的世界，轉變成庫洛魔法使的世界，能夠出現一個可以不斷嘗試性的遊戲空間，來整合自己的內在狀態，進而進行潛伏期「把自我蒐集好」的任務，最後能真的邁入青春期。

結語

　　庫洛魔法使在最後的劇場版中，小櫻面對的是最強勁的卡牌nothing卡，nothing攻擊力之強，可以消去任何碰到

的東西。在束手無策時，小櫻最後發現自己已經有魔力，能成為獨當一面的魔法師，她用一張不是過往庫洛・里德繼承給她的卡片，她創造了一張屬於自己的卡片——hope，用以抵抗nothing。

潛伏期的孩子，在我們不知道的地方默默進行遊戲，過往可能是躲貓貓或是一二三木頭人，現在可能是各式各樣的動漫作品，但無論如何，治療師的任務都是一樣的，就是在有大人的框架下給予他們成長的空間，這邊我舉出了魔法、變身與蒐集三個元素當作潛伏期孩子藉由遊戲來「整合自我」的內涵，也許還有更多的元素我們沒注意到。孩子在默默成長，我們很難對他們「做些什麼」，但對大人來說，要去「見證」他們，且給出「夠好」空間也不是個容易的任務，因為大人們也有自己必須渡過的焦慮，才能好好與孩子共處。但我們期待，無論是在一般環境或是遊戲治療的情境，最終都能讓孩子有個環境，能夠創造出自己的卡牌並邁向下一個階段。

【講員簡介】

魏與晟

臺北市聯合醫院松德院區諮商心理師

臺灣精神分析學會會員

精神分析臺中慢讀學校講師

松德院區諮商心理實習計畫主持

國立臺北教育大學心理與諮商研究所碩士

潛伏期和建構（construction）
VS《紅衣小女孩2》
劉又銘

乖乖回家的孩子
與默默離開的孩子
都有什麼喧鬧穿起寂靜的外衣

有三個名字擺在標題裡，這三個字是否可以拉出一個遊戲的空間呢

建構是什麼，是拼圖遊戲嗎，是蓋房子遊戲嗎，那是什麼意思？為什麼沒有完整的圖像？為什麼沒有房子可以住了呢？是不是，也因此才想到要拼圖蓋房子的潛伏期是什麼，這形容某種本出現、應出現、想出現、但未能出現的意思嗎，為什麼不能出現呢？

鬼又是什麼，是失去了肉體的靈魂，人們傳說是具有奇特超越人的法力，但怎麼忽大忽小呢，怕光趨暗總常躲在看不見的世界呢，當它們出現時候，怎麼人常怕得要命呢？

關於這些題目可以說是應該非常龐大，我想像這如同幼兒認識世界那樣，我們透過觀看或介紹來增添知識，不斷藉由吞下與消化成為自己的一部分，孩子聽故事而在心中成就個自己的故事。但那些孩子自己的故事，是怎樣說得覺得完整，又為何說故事的魅力總在想要說得栩栩如生？那些故事裡有些什麼特別的祕密，身為治療者我們應該怎樣看待這些孩子自己的故事呢？

我現在先來講一個鬼故事，也是一個要繼續活著的故事

不知何時開始，人們傳說著，在山中迷路的時候，你可能會聽到有聲音在忽然喊叫自己的名字，但你可不要回頭，一回頭就中了迷，那是魔神仔看到你內心的脆弱與願望，而將你吸引留在它們世界的方法，再也回不去。

魔神仔為何而開始下山抓人了？以前人們還要去到山間，在山間迷路後魔神仔才會出現，但人們開發山林後，魔神仔失去了住所。或是，人們居住在都市，再也很少來到山林間之後，魔神仔感到了寂寞。

在被魔神仔抓走好多人後，人們開始研究魔神仔，才發

現魔神仔以小女孩的姿態出現，是因為它的故事是，一個母親失去了孩子，因著母親念念不忘孩子，而把孩子埋在土裡但不得安息，母親用咒術強制讓孩子復活，但這個復活的孩子已不是原來的孩子，會野蠻地吃肉，甚至吃人，母親一怕之下，拋棄了這個孩子讓他在山裡遊蕩。孩子復活後仍有尋找母親的意念，漸漸地孩子成為了魔神仔的一種化身（本來即有許多魔神仔，孩子成為了其中一種，或者可以看作孩子被魔神仔附身而得到更強大的力量來在人間作亂），母親後來以誘騙孩子的方式（要送衣服給孩子，而那衣服是束縛孩子的法器），但那法衣可以限制孩子的自由，無法消除孩子的恐懼與仇恨。

後來孩子被闖入山林中的人無意間挖出，這才成了它第二次復活，孩子一直下山去找尋心裡有愧疚感，或心有殘缺者進行誘拐，重複著誘拐的行為。越來越多犧牲者，之後母親再次出面，但在魔化的孩子面前失去了生命。母親有另一個更小的孩子，是魔化孩子的妹妹，孩子來到妹妹的住所，威脅與誘迫妹妹說：出來玩啊。妹妹說：姊姊，你是姊姊，你不是壞人，你有一顆善良的心，以前的你愛護生命，你跟我同名，因為母親仍然希望你活著。孩子聽到了自己的名字，想起了什麼，孩子轉化成為守護者，抵抗了魔神仔而守

護生命。

我們該怎樣看待建構的故事呢？

採用佛洛伊德的某些說法是，「分析建構要以回憶回終
點，雖然說要達到這種情況並不容易。……但是在一些令人
印象深刻的情況下，會看到在成功的建構之後，病人開始訴
說一些清晰的饒有細節的夢、幻想、與回憶。這可以說是一
種妥協的產物，也就是建構激活了潛抑的東西，回憶湧現的
時候隨即被阻抗所作用，但是動力已然成形，因此就回憶起
周邊看似不相關的東西。」（王明智中譯，出自Freud, S.,
Construction in Analysis, 1937，英文標準版第23冊。）

另以考古學所發現的碎片，來想像關於心理「建構」
（construction）的意義。佛洛伊德是這麼說：「分析中
兩個不同的部分，由兩個不同的人所貢獻。病人就是要去回
憶起忘記的事情，分析師就是要將病人的素材與自己的建構
起來。……建構（再建構），類似於考古學，增補添加、拼
湊殘餘、考察年代（哪一個地層）。只是我們的素材不是死
的，是活的。這些東西還沒有被破壞，而是被主體遺忘，以
至於無法被提取，我的任務就是要透過分析技術將其帶回光

明。」（同上）

　　因為無法得知小女孩如何想的，所以就以我的想像碎片
作為建構的材料看看。在我腦海中浮現的碎片畫面是地藏經
的話語：為善為惡，逐境而生，輪轉五道，暫無休息。動經
塵劫，迷惑障難，如魚遊網，將是長流。脫入暫出，又復遭
網。以是等輩，吾當憂念。這個聯想是，可能是我用地藏經
的話來說我自己想說的：活著是如此困難，就如同不斷地好
壞交雜，被排除被適應，長久糾纏如魚游網。而對於這些自
己，其實是不停地想念著。母親的愛與孩子的恨，是深深地
連結著的，或許該說的是，自我無法找到安頓自我的恐懼，
而需要被連結所超渡。

　　電影中，小女孩的轉變來自於，她聽到妹妹所說的話
與自己的名字，回憶起自己的童年，也回憶起她對母親，
與母親對自己的愛。她為自己建構的故事，相信那個故事是
如此具有力量，一如她意志存在之處的鬼魂，小女孩相信自
己是被拋下的，因而持續著憤怒作為追尋母親的動能；直到
妹妹呼喊，姊姊你是有名字的，你是怎樣的人。而想起（找
到）曾經被自己的建構所想要保存的自己，有愛與善良的自
己。她所建構的自己，就像是為這些被逐出的自己的部分，
打造了房子，而終於迎來了回歸。透過類似過渡客體（象徵

自己與母親之間的愛所存在的名字），被重新以新的（還是舊的）建構材料（妹妹相信自己是良善而有愛的而能被主角認同內攝）連結上之時，重新作戰對抗毀滅自身之愛的挫折（魔神仔），而來守護客體與新的建構的自己。

建構出來的故事是保母？是陪伴自己長大的玩偶？或是不知不覺間理想自我的展現？

建構，是潛伏期的任務或說是遊戲嗎？有某種自己像伊底帕斯那樣必須隱藏？但這隱藏是否像捉迷藏，藏到都不被自己認識了，或是，仍然是令自己覺得可怕的願望？

紅衣小女孩2，是一個有關鎮鬼安魂的故事，鎮壓魔神仔，最後是須以有愛的名字做為過渡客體，使得自己能夠建構一個新的有方向而能夠前往令自己感到良善而幸福的自己，作為這部作品的結尾，或許也是建構一個想讓某些眼睛能夠感到滿意與有力量的企圖，裝著希望能夠有力來面對世間苦難的願望。

引用蔡醫師的說法來建構，例如，恐龍的建構，是從挖到古老的骨頭開始的，如同說著古老的人生故事，如何拼湊出自己的樣貌呢？個案說的故事就算聽來完整，只是如果

我們太快滿足於那種完整性，就可能會錯失了弦外之音，所帶來的意料之外的了解。畢竟，人在診療室當時的記憶，是如同考古現場那般，總是由破碎的驚恐記憶的片段所拼湊而來，雖然個案常是以某種完整的方式，要來說出他的故事和想法。（引自私下交流的意見）

不過，人通常難以承受處在記憶破碎的狀態，因此從小到大就會自動不自覺地，不斷地從破碎的人生，整合成目前的自己的過程，要有個自己覺得自己是什麼模樣。其實類似在考古現場，從被挖出的骨頭，拼湊成一隻恐龍的模樣，這是被埋沒且死了多年的記憶，卻被建構得如活過來，是生和死的交界，外在現實的死卻是心理真實（psychic reality）的活躍。

建構的功能本身，或是材料本身，其實卽是證實了破碎的自己的存在。而有這個破碎的自己，受破碎感的驅使而建構出一個安身立命所在。這功能是否也來自於生之本能，無論如何都是會逐漸長大的故事，良好狀態下具有創造力，具有連結能力而讓人生變大具有幸福感，但不可得知的想隱藏的是，同時死之本能也存在其中，具有破壞力遮蔽某些可見而不想見之物，蓋房子總要拆掉東西，而蓋房子也會裝進一些不想看到的東西，但那也是自己的一部分。比如說，愛

如何能夠完全改變掉被消失的自己的那種感覺呢？為何臨床上，許多時候即使有愛的過渡客體作為連結的管道，仍然有著難以痊癒的感受呢？

幻想是建構，我們對於幻想的了解，也是一種建構？為的是要能夠將幻想存在的背後理由來安身立命。幼時的願望，讓某個無法存活的自己，以破碎的方式寄宿於其中，可能是退化（本來的慾望或驅力就是破碎的樣貌）。當願望被找尋到，就也像某個無法存在的自己被復甦。但是，有那麼容易被找到嗎？或是找到的會不會是被掉包的小女孩呢？好讓那個破碎的自己，像是魔鏡中呈現的白雪公主，是完整的美麗。願望裡面埋藏著的，不只是愛的救贖，還有需要完整自我的願望。

為何自己被發現變成破破碎碎的東西？好可怕喔

關於建構，如果依循前述的比喻來看，在精神分析取向心理治療的過程裡，詮釋或者治療雙方建構的過程裡，分析的態度是什麼？或者說在建構恐龍的過程，需要什麼樣的態度呢？有科學的態度和藝術的態度，但是想要把恐龍打造出

來的心情是什麼呢？以防衛的角度來談，我們的分析態度或中立態度，可能是什麼？

　　也引用王盈彬醫師的文字來建構，他在講述結構理論的課程中大意是這麼說的，「結構理論」，其實嚴格說起來，這不是一個理論，比較像是佛洛伊德在企圖理解人的潛意識運作的過程，由臨床經驗所推論出來的假設，目的是要彌補地誌學的未發現，原本應該期待消失的症狀卻出現第二種功能，症狀似乎成為一種保護，雖然受苦，但是甘之如飴─這是怎麼回事？……衝突、分裂，才是潛意識的運作結果，所以必須面對防衛。在這裡，我們看到了所謂衝突理論的存在，這是佛洛伊德很重要的理論根據，也是結構理論很重要的動力模式，也就是本我、自我、超我、和外在現實，彼此之間存在者互相衝突，而必須要運用防衛機轉來達成一種平衡的理論模式。（引自私下交流意見）

　　……自我是想要駕馭本我的，通常，如果騎士不想與馬分道揚鑣，騎士必須將馬引導到想去的地方。因此，以同樣的方式，自我養成將本我的意志轉化為行動的習慣，就好像本我是自我的意志一樣。……愧疚感（unconscious sense of guilty）的存在，表現的方式是過度自責和嚴厲的道德良知，佛洛伊德稱之為超我或自我理想（ego ideal），是與

自我衝突的機構（agent）。自我和超我是從何而來：是不斷認同的過程。⋯⋯超我與自我的關係是雙重存在：嬰孩的超我一方面是對父母親的認同（像父親一樣ego ideal），另一方面卻是伊底帕斯亂倫慾望的禁制（有些是父親的特權，不能像父親一樣superego）。超我（宗教、道德、良知）與自我之間的張力，被經驗爲愧疚感。

或者將個案對「我」的建構，想成一種新生的自我，但或者仍需以結構理論來想像，是十分適當的，如何在衝突中保留部分而得以前進，活著，但是也有些活著，是以潛抑未出土的方式，甚至是「死去」或「去死」的狀態與破壞來保持著。爲何如此呢？

引用吳念儒心理師在薩所羅蘭莎士比亞工作坊（2022.01.31）提及的，我們是什麼時候將自己喜愛金的部分認爲是不好的呢？我也想照例造句，我們是什麼時候將不曾失去什麼的自己丟失了呢？爲了什麼必須丟棄呢？如果不能擁有這樣的自己，那個自己要怎樣活著呢？要放在哪兒好呢？是個房子或是棺材呢？將自己裝在裡面是作爲保護；紀念、或是如同鬼魅一般在存活與不存活之間嗎？於是會有一種追尋愛與拯救的建構，卻是以不會幸福的預設材料來打造的嗎？

關於對待建構態度的說明，我以第二個、第三個故事來做補充。

鐵道員有感來自日本的紅衣小女孩

　　在北海道的過氣的煤礦小鎮，一位鐵道員堅守在此數十年，經歷幼女尙在襁褓之中因病過世、妻子的過世，他都因爲堅守工作崗位而遺憾。在卽將廢止這個小鎮鐵路的前夕，也是卽將過年前，鐵道員神奇地連續三天遇到不同的女孩：要上小學、中學、高中的女孩，女孩總跟著一個女娃娃玩偶出現，後來鐵道員想起，這個娃娃是以前他買給自己幼女的玩具才辨認出，這個女孩應該是自己過世的女兒，兩人相認，女孩表示自己能與父親相聚很幸福而拜別。隔日，鐵道員倒臥於雪地之中過世。

　　日本人的倔強，似乎是將柔情的意向（情緒）放進硬漢的行爲裡，硬是用反向作用（reaction formation），來表示對現實的不屈不撓的方法，以及對自己存在，對父執輩存在的尊敬，那是心中有「道」的守護。就像雪子藉由將自己的靈魂寄宿在娃娃上，而回來向父親致意，鐵道員是將自己對家人、對自己、對父執輩的愛，用硬漢方式把它包進去，

用這種方式同時對抗時光的摧折，與現實的折磨，意味著人的渺小、生命的渺小，需要由此來戰勝。

人會被摧毀，但意志可以證明不會；時光會老去，但為愛的證明而做的鐵漢形象不會，是一種對強大的挫折的對抗象徵。

其實，雪子的回歸，也可能是鐵道員的意志所為的幻覺，是他用來堅強自己的招喚。

另一種解釋，或許更能完整一點這個故事的面向，是自戀仍舊受到命運的威脅而有消滅的危險。暗黑一點但接近紅衣小女孩的解釋，雪子是為了未能得到父親的愛，而在父親命終之前前來找父親的，以帶走父親的生命作為交換。這個感受並非空穴來風，從日本的雪女傳說在片中的出現，可以感受到另一種意涵，雪子與父親相認與認同的愛之中，留有失落的自己未能生存的殘缺。但或許有機會，終得以在父親的相聚連結中，找到過去的自己與放下自己的方法。或許，鐵道員的過世，是象徵了他也得以放下長久以來自戀的枷鎖，在與妻女之愛中生存了。對雙方自我的挫折遺憾來說，或許是一種救贖的機會。

雪子在幼小時過世，而在未來得以鬼魂的方式重現與父親見面，雖說像是我們習俗中的一種還願的表現，但也令人

深思，生存在父親硬漢數十年如一日的以自我自戀對抗挫折之中，雪子的過去和未來，其實就仍只像是個裝飾或是襯托硬漢精神的存在？如果在過去就決定要這麼做，那麼所謂的未來，只是實現過去的存在的方式。未來，只是證明過去的選擇的道路。或者反說，因為對於未來有所擺置，已經有個期待在那邊，所以過去，就是為未來鋪好的路標。這是未來自己與過去自己同時存在的平衡建構，互為主體，但互相扶持，在人生中存在。

　　引用魏與晟心理師在談論尋求確信感（Confirmation，肯定＋安心？），鏡映的技術層面的說法：

　　「我會把自體客體定義成一種特殊類型的客體——或是一些能夠去表徵客體的象徵（symbols）或想法（ideas）——這些東西有種特定的功能，去提供一種自我喚起與自我維持的經驗，進而讓自我（self）形成。嚴格來說，自體客體不是自我也不是客體；它們是一種在關係中出現的主觀性的功能。就像是所謂的自體客體關係指的是一種心靈內在的經驗，而不是描述一種自我與客體間的人際經驗。自體客體是在描述一種需要一些什麼東西來維持自我的那種感受。」（引自私下交流的想法）

因爲人生中有一種經驗是被迫要分開了，所以試圖想要回到那種感覺，愛而想要繼續愛是一種方法，恨而想要破壞是一種方法，走各自的路徑，但都是爲了保持連結。保持自己與自己的連結，保持自己與經驗間的連結。

棋靈王之章

　　在本篇文章中，我想在這之上繼續建構心中的故事，也許分析治療的最後目標，或分析的態度做爲內在心法的話，是指最後讓心中的自己，如同被挖出土的恐龍化石骨架，被我們的想像增添變成有肉、有皮膚、有表情和有情感的模樣。我們看見時，就會如小孩那麼喜歡恐龍，我們在那時刻好像是個自己的小孩子，是自己生下自己後，再看見自己的恐龍模樣，會很高興、很喜歡，雖然被叫做恐龍的，常是很令人害怕的巨大怪物，會吞吃掉人呢。雖然也可能有人，會把自己建構成讓人可怕的恐龍模樣。

　　之所以恐怖，或之所以完整，每個孩子或者有不同的城堡，也或許有類似的座標：或許爲了有一天，相遇時不必再以命相搏，而爲此重複地製造了戰場……

　　一位現代的少年進藤光，某天在爺爺的倉庫中發現一個

古老的棋盤，只有進藤看得到棋盤上紅色的汙痕，那是已徘徊在世間千年，古代棋士藤原佐為的生命記號，於是藤原佐為附著在進藤光成為背後靈，開始了兩人的圍棋生涯。佐為一直很渴望著下棋，他一直羨慕著能夠有肉體下棋的進藤。直到有一天，佐為在與當代名士塔矢洋行一場近乎神乎其技的對弈之後，在進藤觀棋後說出神乎其技的一步後，佐為感受到自己即將消失。

我現在終於明白，老天爺是為了讓阿光看到這場對奕，才讓我在這世上徘徊了千年——棋魂藤原佐為，就像是在身上裝了必須要被看到的棋局之智慧，遊蕩了千年，到這一世時，與塔矢洋行之碰撞，而將這個智慧與智慧間的撞擊的片段傳給了進藤光看到，讓進藤光進化了。

建構的房子乘載負荷了沉重的自我，為的是在多年以後能與那個自我再相遇，明白那不可被丟棄的自我部分碎片，而進化成為更完整的自我嗎？

南柯一夢，黃梁未熟；山中一宿，世上已千年，但歷盡滄桑是為了保存那被稱為神聖或天使的自我，能再被相遇。

憂傷自己將要消失，嫉妒阿光可以邁向神乎其技之路，老天爺，為什麼不是我？這樣想的佐為，一邊和阿光下最後一盤棋，一邊想：140年前，虎次郎把身體借給了我，如果

說，虎次郎是爲了我而存在，那現在的我就是爲了阿光而存在的……既然如此，或許阿光，也是爲了某人而存在的吧？然後那個某人，又爲了某某人而存在。無論是一千年或兩千年，就這樣周而復始地循環……在追求神乎其技這境界的漫長旅程，我的任務到此結束了。佐爲在逐漸消失的同時，在心中跟阿光道別，他說：對了，阿光！你有聽到嗎？我很快樂……

在建構的過程中，不斷被保存與存留下來的部分，就像被潛抑之物，帶著某種生命意圖前往的方向之意志的傳達（驅力？），擴大了通往神乎其技（生命最始，卻也被歸類在最終）的道路，在建構的傳達任務已執行之後，擴大了的自我，代替？或說是融合？原本的建構已無需再存在，在帶有感傷與完成之感同時混和的任務之後，取而代之有一種明白，因而快樂的感受發生，幸福來自於完成傳遞的任務，與像是過渡客體的進化融合，建構出新的建構之物（像是新的生命？），而驅散或是取代了憂傷。

伊角從中國棋院的鍛鍊返國，找到在去年的職業棋士考試中，讓自己輸棋後因而輸掉自我認同的人進藤光，伊角提到在去年那場比試中，因爲違規的關係，只好投降認輸，但又有個當時因爲要不要投降而猶豫了漫長的時間，還有自認

爲能夠把犯規一事蒙混過關的自己，一直殘留在自己心中而痛苦著，伊角希望能夠再有一盤棋，讓自己能夠有戰勝那個自己的感覺。進藤在失去佐爲之後一直不想下棋，而在這局棋中，卻看到了佐爲的棋路在自己手下再現，而明白這就是佐爲存在的地方，在不斷下棋之中而存在。

經驗，被建構之物，留存起來爲了保存某種無法跨越之物，例如那個想戰勝對手而不能戰勝自己的自己。而那一盤棋的存在，彷如爲了伊角的存在而存在，也彷如爲了讓進藤（能在棋盤上再看到佐爲）而存在，看起來就像是過去的自己爲了未來的自己而存在，自己爲了自己而讓他人存在。如果在過去就決定要這麼做，那麼所謂的未來，只是實現過去的存在的方式。未來，只是證明過去的選擇的道路。

或者反說，因爲對於未來有所擺置，已經有個期待在那邊，所以過去，就是爲未來鋪好的路標。這是未來與過去的平衡，互爲主體，但互相扶持，在人生中存在。

伊角前往中國棋院鍛鍊時，在他輸給小孩子對手時，他恍然眼前對手彷彿像是縮小的朋友，但或許這種錯覺感，讓我們更聯想到卻又更應該像是在日本國內自己輸給對方的孩子進藤光。伊角不斷鍛鍊希望能夠戰勝這孩子，他意識到自己的情緒不斷停留在懊悔與挫折害怕，宛如當時的情景所

致，在意他人的眼光，究其實更像是自己責備自己而無法面對自己的眼光。伊角提到，明白自己的懊悔，以一種第三人的角度來看待承受壓力的自己，就像是在內心裡再創造一個能夠承受壓力的自己那樣，就能夠產生冷靜的感覺。

建構出新的視野，或說是新的認識，新的自己，看著自己的自己，以建構來承受，建構的存在，是為了負荷那無可承受之壓力。

在跟佐為的最後一盤棋中失去了佐為的進藤光，意識到自己再也不能下棋，沒有對圍棋的動力了。進藤到處在現實世界中透過可能連結的線索，到各處佐為曾經停留之處找尋佐為的身影。一無所獲的進藤讓自己不再下棋，任憑自己過去與圍棋之間的連結之處如何碰觸。在伊角為了失去的那盤棋而執意要進藤下棋，進藤為了伊角的需求而不得不讓自己下棋之時，在自己重現佐為的棋路之中，才恍然自己尋找的佐為只有在棋路之中重現，而進藤詢問自己，佐為我真的可以下棋嗎？

為了保留對佐為的連結而建構出不再下棋的自己，但這個建構是在等待自己能夠重新找到與體會那個想要下棋的自己的重要性，居中建構的是罪惡感的綁縛，猶如孩子在失去了母親之後，為了重新，而其實在等待找到能夠讓自己和母

親都存在的方式，而必須透過一種讓自己能夠存活的方式也讓母親存活（母親的願望與母親的存在，都是透過自己而存在）。

【講員簡介】

劉又銘

精神科專科醫師
台中佑芯身心診所負責人
臺灣精神分析學會推薦精神分析取向心理治療師
精神分析臺中慢讀學校講師
聯絡方式：alancecil.tw@yahoo.com.tw

潛伏期和心身之間
（psyche—soma之間的「一」） VS
《倚天屠龍記》
王盈彬

一、前言

　　「這是一個身體，除非根據一個選定的觀察方向，否則無法區分精神和身體。人們可以觀察正在發展的身體或正在發育的精神。我想這裡的『精神（psyche）』這個詞的意思是，對身體部分、感覺和功能的，即身體的活力，富有想像力的闡述。我們知道，這種富有想像力的闡述，取決於大腦的存在和健康運作，尤其是大腦的某些部分。然而，個體並不覺得精神位於大腦中，或者實際上位於任何地方。」（王盈彬譯）（註一）

　　Winnicott（1949）這段話與相關的論述，可以清楚的看到，他認爲心身是一體的，而且從出生一開始就是這樣，精神是隨著身體而存在運作的，而且依賴著大腦的某些部位，雖然如此，我們卻會主觀地感覺到psyche是一個獨立

於身體的存在。因此，在我們開始談論時，會是關於兩個主體的故事，一個是「psyche」，一個是「soma」，暫時就把這兩個主體稱爲中文的「精神或心」和「身體或身」，兩者看似獨立，卻又實質的相互依附。如果只有它們兩個，我們可以來談談它們兩個主體的關係；如果又牽涉到別人，我們可以來談談它們兩個如何一起面對別人；如果它們又可以彼此互助成長發展，又會是如何的依附關係？在Winnicott的概念中，這還會牽涉到「mind」這個主體，此文中我把它翻譯爲「心思」，而且有一種是健康的mind，有一種是病理性的mind。

「因此，心思的根源之一是來自於心身（psyche—soma）的可變功能，這是一個關注在（主動）環境適應失敗後，面對存在連續性的威脅的功能，因此心思發展會受到——不專指是個人針對個體的因素，也包括偶然事件——很大的影響。」（王盈彬譯）（註一）

這裡我們看到一個重要的歷程，這在Winnicott的論述中是相當重要的關鍵，所謂的好的促使環境（facilitating environment），對一個幼小的嬰孩的健康成長是必要的，且重要的。我們會動用身心的功能，來盡力維持避免存在連續性受到威脅，甚至是必須運用到心思的功能，來處理

極端的促使環境的失敗。

　　「要研究心思的概念，我們總是必須研究一個個體，一個完整的個體，包括該個體從心身存在一開始的發展。如果一個人接受了這個規則，那麼就可以研究一個人的心思，因為它專門是從心身的心的部分中分離出來。」（王盈彬譯）（註一）

　　但是當面對促使環境的失敗時，「psyche」和「soma」不得不面臨崩解破裂的威脅，程度上會導致「持續存在（going-on-being）」的失敗。於是，我們可以從這一個角度，開啟一個有關潛伏期的起點，也就是潛伏期的存在目的之一，是為了讓這兩個主體重新站穩腳步的過程，以維持持續存在的基本條件，此時除了兩個主體的求生努力之外，必要時需要「mind」的參與協助，但是如果必須持續依靠mind的運作，而mind是由psyche分化出來的，一旦形成了mind—psyche的組合，那麼就形成了病理性地存在，意味著身心已經分離了。所以這一個存在於「psyche—soma」之間的「—」的存在，意味著要在mind全面接管之前，進行的互助、重整、修復、甚至是隔離的工作位置，也因此同時必需存在一種復原或彈性的力量，而關係上，是持續連結著，處在一種潛伏的時期，準備

變動。

「在這裡，在對不穩定的母職做出反應的心智功能的過度增長中，我們看到心思和心身之間可能會產生對立，因為在對這種異常環境狀態的反應中，個體的心思開始接管和組織來照顧心身（psyche─soma），而在健康情境中，這是環境的功能。在健康情境下，心思不會篡奪環境的功能，但會成就一種可能的理解，並最終在環境相對失敗時接手。」（王盈彬譯）（註一）

這在Winnicott的概念中，未來會形成一種假我的概念，也就是mind全面取代了psyche─soma，陷入一種好像知道自己是誰，卻又不知道自己是誰的困境。於是我們把焦點放在這一個「─」上面，來來回回的述說它的故事。

二、活著的基調：
持續存在（going-on-being）

先從這一個概念開始，當人可以被生下來，我們可以說生命就開始了，而且要持續存在。科學的論述當然可以推演到胚胎開始之時，只是這是一種人為的劃分，而我要推演的一個人的開始，是從可以開始主動的使用身體，來進行與環

境的互動，以攝取各種養分的切點。在這之前，嬰兒身體在母體內是被動的靠著胎盤來交換養分。現在，我們就從這個主動的開始，來開始談。而為了可以持續存在，這個主動也包含了彌補母親缺乏的向度。

「讓我們假設，個人早期發展中的健康，需要存在的連續性。早期的心身沿著一定的發展路線前進，這路線提供它存在的連續性不受干擾；換句話說，為了早期心身的健康發展，需要一個完美的環境。首先，這樣的需求是絕對的。完美的環境，是一種主動適應新形成的心身需求的環境，我們作為觀察者一開始就知道它是對嬰兒的。糟糕的環境是糟糕的，因為無法適應，它會成為心身（即嬰兒的）必須做出反應的侵犯。這種反應擾亂了新個體持續存在的連續性。對良好環境的需求，起初是絕對的，但很快就變得相對的。普通的好媽媽就恰恰好了。如果她恰恰好，嬰兒就能夠通過心智活動來彌補她的缺乏。」（王盈彬譯）（註一）

我們暫時不談人是如何存在的，而試著把焦點放在「人是如何開始意識到自己的存在」，這是一個很常被提到的問題，也很日常。比方說，我們常常會問自己，「我在做什麼；我是誰；我是……」，特別當我們遇到了一些我們不喜歡或不希望發生的結果時，我們會被自己嚇醒，然後回應

自己這句話，也就是說，動作正在發生的時候，我們並不知道我們在做什麼，而是當結果出現之後，我們感受到一種苦惱、懊悔、恐懼、喜悅、興奮，而想要重新來過或避開，我們就可能會冒出這樣的話語和想法。這是我們「心思」的運作，在我們有精神和身體互相配合著，進行著反射性而習以爲常的舉動時，遭遇到了困境和痛苦，而尋求「心思」的理解運作，來希望避免之前痛苦的結果，或者是重溫愉快的經驗，或是想辦法解決發生的困境。閱讀Winnicott的文章，我們會有一個對「我」所理解的發展歷程，正式在描述這樣的一件事，本文暫不細究。

問題來了，當心思開始全面接管運作之前時，到底是精神還是身體，會是需要或可以被修正調整的，這也就是心身之間的「一」的存在內涵了。當張無忌從小身中寒毒，身體痛楚不堪的時候，他學會了忍耐，是身體在忍耐，還是精神在忍耐，還是有一個心思的力量在控制著身體跟精神，都要忍耐，避免生命不能持續存在。我想，以一個動態的狀態來描述，應該會是比較貼切的。於是這一個「一」，因爲是一種動態的本質，所以有一些特質可以來深究。

「Winnicott 關於精神和身體的工作，繼續闡明這些議題。在Winnicott的理想世界中，母親正在不斷適應嬰兒的情

緒和身體需求，幸運的是，會產生一種他稱之為『持續存在（going-on-being）』的心態（Winnicott, 1958）。我們有太多的患者，幾乎從未體驗過一種放鬆的狀態，在這種狀態下，人們可以沉思，並且不受外部或內部侵入的干擾。根據Winnicott的說法，這是精神駐留在身體中所必需的環境。但是，當嬰兒受到侵入並且感到不安全時，他們會採取其他方式將自己固定在一起。這些包括身體的第二層皮膚防禦（Bick, 1968），通過早熟地使用自己的心思而過早地採取控制措施，如同交感神經系統反應，例如心率加快和身體緊繃。人們經常會看到是一個活躍的心思或一個身體，或是兩者兼而有之，同時還試圖過度自給自足。使用另一種語言，在安全性不足的情況下，會出現過早的自我發展的危險（James, 1960；Mitrani, 1995）。」（王盈彬譯）（註二）

　　「Mind」可以想成是psyche和soma的連結處「一」的全面接管，如同上述的第二層皮膚，可以具體如器官的運作，也可以抽象如心思的運作。因為外力的侵入或吸引，而必須面對兩者暫時不能如初始的在一起，但是又必須在一起的延伸，就如武術中的外功（身）和內功（心）的運行，必須有心法（心思）來引導。「Mind」譯成「心思」，心的思維，意味著是由「心（psyche）」出發的一種思維，最

基本的目的是不要和「身」斷了聯繫，然而如果情況實在難以挽回，在武術上就稱為走火入魔了，臨床上也許就是精神病的發生了，也就是mind接管了psyche—soma，mind與psyche結盟，背離了soma，但是目的是為了挽救生命。尚未病理化的mind可以帶領我們經驗許多和創造許多的繽紛世界，但是也負責分配指揮，讓「身」和「心」要如何搭配，以最大化效益和最小化傷害，不要讓原本的連結消失。

「峨嵋派掌門滅絕師太對眾弟子道：『這少年的武功十分怪異……天下武功變化之繁，那是無出其右了。』周芷若自張無忌下場以來，一直關心。她在峨嵋門下，頗獲滅絕師太歡心，已得她易經原理的心傳，這時朗聲問道：『師父，這正反兩儀招數雖多，終究不脫太極化陰陽兩儀的道理。弟子看這四位前輩招數果然精妙，最厲害的似還在腳下步法的方位。』……張無忌於八卦方位之學，小時候也曾聽父親講過，但所學甚淺，因此在祕道中看了陽頂天的遺書後，需小昭指點，方知『無妄』位的所在。這時他聽周芷若說及四象順逆的道理，心中一凜，查看對手四人的步法招數，果是從四象八卦中變化出來，無怪自己的乾坤大挪移心法全然施展不上。原來西域最精深的武功，遇上了中土最精奧的學問，相形之下，還是中土功夫的義理更深。張無忌所以暫得不

敗，只不過他已將西域武功練到了最高境界，而何氏夫婦、高矮二老的中土武功所學尚淺而已。霎時之間，他腦海中如電閃般連轉了七八個念頭，立時想到七八項方法，每一項均可在舉手間將四人擊倒。」（註三）

這些武功祕笈，或是經絡運行之道，可以說是心思的精華，身心的能量在面對外來的攻擊時，必須集中火力，用來避免被擊倒，或是希望可以制伏對手，因此不再能像平日一般的隨心所欲，而需要針對客體進行調整，這也是心思所必須進行的工作，極端時，會讓身心解離，心思成為獨立的運作。而這一些都是為了一個基本的前提，要持續存在。

三、潛伏期的開始（張無忌父母雙亡、身重玄冥神掌的寒毒）

對佛洛伊德而言，潛伏期的時間點，落在伊底帕斯情節出現之後，就實際的人類發展來定位，大約是小學的時期，這個時期的小孩進入校園的團體生活之中，開始學習知識並發展自我，脫離了整日與父母親的密切，也許在默默為了伊底帕斯的失落痛苦休養生息，也許也為了青春期的再次爆發而醞釀能量。而這裡我要談的潛伏期，並非只是要如此定

位，而是在描述過程中一種身心失衡而進行重新平衡的潛伏工作，因此可以想像在人生的任何時期皆可如此運作，而這是如Winnicott所提及，是在環境適應失敗（生命早期是媽媽的功能失敗）的時期發生，然後繼續延伸到未來的生命階段。

「對Winnicott來說，正是母親對精神和身體狀態的情緒抱持和反應，使嬰兒的精神能夠留在身體內，並使精神和身體緊密交織在一起。否則，生理和心理過度活動、躁狂（Klein, 1959）或偏執防禦（Fairbairn, 1962; Guntrip, 1995）會替代內部或外部的可靠客體。這導致了一種自戀的自給自足（Rosenfeld，1987），幾乎沒有能力保持靜止和休息。」（王盈彬譯）（註二）

爲了要平衡合一，Psyche—soma中間這一橫槓，代表著一種連結、距離、醞釀、消化、有些要捨棄、有些要增加、有些要調整、有些要淡化，有些要來回、不指向其他地方。在這些動態變化中，也可以說是一種停頓，這在準備著，目的是希望psyche與soma再次回到合一。Bion對此有過一些觀點的論述，是「caesura」

「Bion（1977）繼佛洛伊德（1926）之後，將出生作為『停頓』概念的原型，在這種情況下，嬰兒從子宮內到世界

外的戲劇性轉變，是在改變之中連續的可能性的模型。對於Bion來說，caesura，在音樂中是一種有節奏的停頓，一個位於兩個音符之間的戲劇性中斷，表徵著看似分離的事物之間的聯繫：生與死；日與夜；內在和外在；瘋狂和理智；過去、現在和未來……不僅僅是嬰兒從一種狀態轉移到另一種狀態，在『出生』而成為一位母親的過程中，母親，也經歷了一系列中斷——時間和空間的中斷、意義的中斷、連續性的中斷、以及邊界的中斷——所有這些都與情感和身體的邊界重組有關，因此與自體的統一性有關。正如Bion（1977）所描述的那樣，這種差距，在承載著向前鏈接的潛力的同時，也具有崩潰和突破的可能性。」（王盈彬譯）（註四）

在還不需要動用心思的時候，身心各自尋找其舒適的位置，互相相輔相成的成長運作，以這個「一」，彼此拉拔長大，可以以張無忌從小生長的環境的描述來想像，

「那孩子百病不生，長得甚是壯健……到無忌四歲時，殷素素教她識字。五歲生日那天，張翠山道：『大哥，孩子可以學武啦，從今天起你來教，好不好？』謝遜搖頭道：『不成，我的武功太深，孩子沒法領悟。還是你傳他武當心法。等他到八歲時，我再來教他。教得兩年，你們便可回去啦！』……張翠山傳授孩子的是紮根基的內功，心想孩子年

幼，只需健體強身，便已足夠。」（註三）

　　回到倚天屠龍記中張無忌的命運，當他和父母親離開荒島途中，遭人擄走，之後被送回到武當派時，正值父母親因不願說出謝遜的下落，而慘逼自盡的時刻，小小的他，目睹且近身的震撼，再加上身上已然承受的寒毒，在這裡我很刻意的可以選擇兩條軸線來進展。一條是與父母親相關的軸線，另一條是與自己和自己身體相關的軸線，配合這一個潛伏期的主題，我們聚焦在第二條軸線來發展延伸，因為父母親所代表的促進環境已經不再了，無忌只能先尋求mind的協助來穩住身心，開始進入潛伏時期。在此，mind可以說是這一「一」的表徵了，或者說，與這「一」處於合作的位置，一旦「一」支撐不住，mind會全面接手。

　　「張三丰撕開無忌背上衣服，只見細皮白肉之上，清清楚楚地印著一個碧綠的五指掌印。張三丰再伸手撫摸，只覺掌印處炙熱異常，周圍卻是冰冷，伸手摸上去時已然極不好受，無忌深受此傷，其難當可想而知……這娃娃受的竟是玄冥神掌……要解他體內寒毒，旁人已無可相助，只有他自己修習《九陽真經》中所載無上內功，方能陰陽互濟，化其至陰。」（註三）

　　行文至此，不難發現，張無忌的生命垂危，若非其他

武學前輩以其各自的內功支撐，很難維護至下一個關口，也就是「一」會斷裂。而胡青牛適時的醫術協助，讓寒毒在體內的經脈中有了區隔的方向，如同Winnicott論述的container的功能，保住了「一」。這期間，無忌修習也記住的九陽神功的初階心法和醫術，讓自己靠著如此的心思與外援，維繫著身心崩裂的岌岌可危，之後無忌有幸習得九陽神功，讓區隔的失衡身心，有了一次打通關節的機會。

「這日午後，將四卷經書從頭至尾翻閱一遍，揭過最後一頁，見到真經作者自述書寫真經的經過。他不說自己姓名出身，只說一生為儒為道為僧，無所適從，某日在嵩山鬥酒勝了全真教創派祖師王重陽，得以借觀《九陰真經》，雖深佩真經中所載武功精微奧妙，但一味崇揚『老子之學』，只重以柔克剛、以陰勝陽，尚不及陰陽互濟之妙，於是在四卷梵文《楞伽經》的行縫之中，以中文寫下了自己所創的《九陽真經》，自覺比之一味純陰的《九陰真經》，更有陰陽調和、剛柔互濟的中和之道。張無忌掩卷思索，對這位高人不偏不倚的武學至理佩服得五體投地，心想：『這應稱為《陰陽互濟經》，單稱《九陽真經》以糾其網，還是偏了。』」（註三）

臨床上的個案呈現，也有如此的樣貌，治療師以自己來

協助個案的身心失衡，調節「一」，甚至是調和協助個案的 mind，來進行分析的工作。

　　「正如一位患者最近問我的那樣，『我會找回我失去的所有東西嗎？』指她的身體不再屬於她的經驗，指的是尋找她的『舊心思』和她是一個整體的感覺；一個不會洩漏的單一自體；使她能夠把自己放在一起，感到堅實和堅定；她有一個『精神皮膚』（Bick, 1968），它可以將內在保持在內部並將自體結合在一起，以重新整合，是一種自體意識，即使是流動的，凝聚的一種創造（參見Winnicottian的原始孕產婦全神貫注的概念，1956）。身體體驗，一如既往地，與情感體驗交織在一起，所有熟悉的極限都受到挑戰：疼痛、身體的靈活性、睡眠不足的新的水平；喜悅、受傷、擔憂的新體驗。已知的連貫自體被動搖了；重新計算邊界的同時，這促使退行到一個更不整合的狀態……我用『統一的中斷』來描述從崩潰到突破的各種中斷，但都有一個基於熟悉的自體和身體伸展的共同點。漸漸地，就像每次發生變化一樣，都會有一個重新整合的過程為成長服務，或者，如果沒有適當的組織容器，那些神祕的中斷可能會導致實際的崩潰。」（王盈彬譯）（註四）

四、「調節性」的運行

　　在岌岌可危的身心失衡狀態中，調節性的運行極為重要，因此這一個「一」，也代表了身心調節的傳輸狀態，太弱的身體，是無法承受太強的精神，反之亦然，讓我們再回到武術這件事來比擬。此時張無忌已經幸運的練就了乾坤大挪移了。武術中，身和心如何在思維中運行，讓智慧大開，身心俱發？

　　「這『乾坤大挪移』心法，實則是運勁使力一項極巧妙法門，根本之理在於發揮每人本身所蓄之潛力。每人體內潛力原極龐大，只平時使不出來，每逢火災等緊急關頭，一個手無縛雞之力的弱者往往能負千斤。張無忌練就九陽神功後，本身所需力道當世已無人能及，只以未得高人指點，未學高明武功，使不出來。這時學到乾坤大挪移心法，體內潛力便如山洪蓄谷後，得知如何引入宣洩通道，一開閘即沛然莫之能禦。練『九陽神功』是積蓄山洪，此事甚難；而『乾坤大挪移』則是鑿開宣洩的通道，知法即成。」（註三）

　　原本身重寒毒與頓失雙親的張無忌，身心受創，可以以此比擬，九陽神功重建了soma的健壯運行，而筋絡運行的醫術調理，如同psyche的運作，在面對重整的潛伏期時，

乾坤大挪移在「一」上，發揮了調節的功能。

　　「這門心法所以難練難成，所以稍一不慎便致走火入魔，全因運勁的法門複雜巧妙無比，而練功者卻無雄厚的內力與之相副。正如一個八九歲的小孩去揮舞百斤重的鍊子錘，錘法越是精微奧妙，鐵錘飛舞控縱越難，越會將自己打得頭破血流，腦漿迸裂。但若揮錘者是個大力士，那便得其所哉了。以往練這心法之久，只因內力有限，勉強修習，變成心有餘而力不足。」（註三）

　　「一」的存在，讓psyche和soma有了緩衝，因為這兩者之間有時是同步的，有時是不同步的，mind是在處理psyche與soma極端不同步的部分，可以是一種等待同步的概念，但是也有可能準備斷裂的處理，這也是潛伏期中的目的之一，但是要同步什麼？舉個例子，就發展而言，soma是先開始的，psyche如果是為了可以搭配完成生命存活和繁衍來避免死亡，於是「一」就必須完成一個任務，擷取傳輸soma和psyche中的instinct來達成客體的選擇和目的，如同life instinct的存在，可以找到適合的客體來進行目的的達成，也就是集合所有對此有利的所有instinct，同時間排除其他不利或不合的drive的干擾。而這些drive也有其對應的soma和psyche，於是也藉著「一」劃出界線返回能量

（impulse），在其他的生命需求中，再次等待被提取。

　　「正如我們所看到的，『本能』是指以固定動作模式實現的先天和未學習的生物過程，它們是天然選擇雙重目標的直接表達：生存和繁殖……對此的一個實際含義是，本能（instincts）將通過有限範圍的客體來被滿足，這些對象是有助於提高生物體的生存和／或繁殖的成功……與本能不同，驅力是底層的心智現象……這很重要，因為作為錨定在心智領域的結果，驅力擁有更可塑性的末端網絡。驅力與其客體之間沒有內生的對應關係，不同於本能與其客體之間有對應關係……有些力量努力朝向有限範圍的終點，這過程被獨有的生物過程影響；有些力量努力朝向廣泛範圍和可變的終點，這過程被心智過程影響……這兩個術語之間的混淆的產生，是由於生物學和心理學研究的挑戰（在科學史上的一個特別孕育時期）……隨著生物學融入心理學——如Spencer（1870）和Schneider（1880），以及後來的Lorenz（1950, 1965）和Tinbergen（1951）——什麼是純粹身體的，和什麼是純粹心智的，之間的區別模糊在一起……本能以固定的動作模式實現，這些模式直接服務於生存和繁殖的目標——例如，考慮本能地保護一個人的臉或躲避以避免一個球衝向一個人的頭部。相比之下，驅力，具有更大可塑性的客

體將可以滿足它，可以在不直接在生存和繁殖服務的行為中實現。」（王盈彬譯）（註五）

「張無忌所以能在半日間練成，而許多聰明才智、武學修為遠勝於他之人，竭數十年苦修而不能練成者，其間的分別，便在於一則內力有餘，一則內力不足而已。也是他機緣巧合，先練成九陽神功，再練乾坤大挪移，便順理成章，倘若倒了轉來，這乾坤大挪移點第一層功夫也難練成了。」（註三）

引用如此的比喻，可以看到這樣的「調節性」，對於受到生命威脅的狀態下，是以一種極為緊繃的方式存在，其時在臨床上是可以看到一些端倪的。而且為何用「一」，而不用文字，可以視為是因為所要傳遞的，是來自與身心真實同在的感受。

「Balint 寫到一位病人在一次治療中沉默地坐了半個多小時，然後開始深深地抽泣，告訴治療師他有生以來第一次能夠接觸到自己（Balint, 1968, p.142）。正如Balint 竭力要說的那樣，言語常常使人無法真正與自己保持聯繫。」（王盈彬譯）（註二）

一旦形成文字或是mind，情感或感受就退入了背景，並且成為一種殘餘或失落，甚至變成另一個主體。

「對於這些患者來說，成功的治療之旅似乎意味著擺脫對心智客體（mind-object）的過度依賴（Corrigan & Gordon, 1995）或擺脫身體第二層皮膚類型的嘗試將自己團結在一起，而是找到一個更輕鬆的地方，讓精神（psyche）可能居住在身體（soma）中。」（王盈彬譯）（註二）

　　這一個「一」，如果使用文字，這意味者精神和身體就再也不是直接的在一起了，有了這一個「一」，表示彼此還是努力的在維持連結，並非只是文字語言象徵的部位，而是身心合一的狀態。而且現在必須一起抵抗或面對的，並非是理想的客體或環境，因此想像出一種復原力。最後要回到的狀態，也並非文字可以形容，而是在文字消失之後，一種同在的感覺與狀態。

五、「彈性elasticity」和 「復原力resilience」

　　這個「一」，對於無法完全預測的身心連結狀態，必需做出相對應的反應，因此必須具備一定的「彈性（elasticity）」和「復原力（resilience）」。舉例來說，當soma在不適合的客體或環境旁邊，psyche會被拖累，

「一」該如何因應。對照心靈創傷的個案，身體到處是警覺的啟動時，無法放鬆時，變成不適合psyche居住時，於是必須要進行過度使用（overuse）的歷程，就像必須勉強一邊用力，來維持住不會斷裂。

「Stephen Porges（2011）在重新繪製我們對自主神經系統的理解時，對這些過程進行了一些說明。他描述了這個系統的一個分支，只在哺乳動物中看到，在人類中以越來越複雜的形式出現，這是感覺良好的核心。它取決於我們迷走神經的精密（腹側）分支，有時稱為『智能迷走神經』，它連接我們的腦幹、心臟、胃和臉部肌肉。迷走神經的這個有髓分支，在諸如鏈結、社交交流以及識別面孔和情緒等過程中，相當活躍。當我們與所愛的人在一起時，當我們表現出感激之情或感到非常自在時，當我們的胸膛中散發出溫暖時，它就會燃燒起來。這個系統停止工作，或者如 Porges 所說，當我們感到焦慮或受到威脅，並且我們的交感神經系統開始工作時，包括我們的戰鬥逃跑反應，迷走神經剎車就會關閉。當我們感到壓力、恐懼或憤怒時，可能會發生這種情況。然後我們會經歷心跳加快、出汗、呼吸加快、瞳孔擴大和消化受抑制，我們變得謹慎、警惕和不信任。我們有時都需要求助於這種喚醒系統，但有些人比其他人更容易進入高

度喚醒的交感神經系統反應。與我們一起工作的許多受創傷的兒童和成人，過快地轉變為這種失調、反應過度的狀態（Music, 2009）。」（Music, G. (2015). Bringing up the Bodies: Psyche-Soma, Body Awareness and Feeling at Ease. Brit. J. Psychother, 31(1): 4-19）

在臨床上，其實這樣的分配使用，並非少見。有些個案，反覆停留在描述身體感受到的症狀，無法很順利的找到對應的精神感受或可以由心思主導的企圖連結，也就是所謂症狀的意義，很有可能的是，其實此時的soma還是虛弱，還並非是有能力要尋找意義的時候，就像張無忌，如果在還沒有練成九陽神功之前，就先得到的乾坤大挪移的心法時，其實是徒然無功的，硬要練，就會走火入魔，自傷其身。

「是這晚長談之後，謝遜不再提及此事，但督率無忌練功，卻變成了嚴厲異常。無忌此時不過九歲，雖然聰明，但要短期內領悟謝遜這些世上罕有的武功，卻怎能夠？謝遜又教他轉換穴道、衝解被封穴道之術，這是武學中極高深的功夫，無忌連穴道也認不明白，內功全無根柢，要如何學得會了？謝遜便又打又罵，絲毫不予姑息。」（註三）

彈性，這是Ferenczi（1930）提出的論點，他當時接觸了一些困難的個案，與在被分析經驗中挫折受苦的個案，

重新以不同的態度來分析它們，於是獲得了許多關於在古典分析情境中的挫折經驗的資料，這類困難個案的特質，多是偏向精神病性的，或是受創傷到身體層次記憶的經驗。

「困難案例，可被視為由於身體、情緒、性……等創傷引起的案件，產生了嚴重的精神官能症、性格、自戀邊緣和精神障礙。這些類型的精神病理學，要求分析師在處理人類功能的『陰暗面』方面，可以感到舒適和熟練，例如，變態、攻擊、共演、性行動化、困難的人際互動……為了使精神分析與創傷案例連貫，他們建議體驗的情感維度需要成為互動的一個組成部分。」（王盈彬譯）（註六）

因為psyche和soma的互動中，soma指的是真正的身體的層次，於是在面對「一」必須要有的能力特質時，我在此借用Ferenczi這樣的概念來處理，雖然這樣的概念在傳統精神分析界並非主流，但是是值得做為參考的。

「Ferenczi 談到了精神分析情境中情緒氛圍的一種變化。這是試圖將『客觀性』轉變為『心理氛圍』，包括『溫柔和愛』，並改變『醫生冷酷的客觀性』，Ferenczi 指出，這可能『給患者帶來不必要和可避免的困難』（Ferenczi, 1930, pp. 115-117）……這是精神分析的一個轉折點。它是對

阻抗的概念的校正的進一步闡述。Ferenczi對修訂阻抗概念的貢獻，是他最重要的貢獻之一。通過解構阻抗的概念，他幫助建立了一種兩人的體驗。在精神分析情境中出現的困難中，被分析者並不是觀察的唯一焦點。」（王盈彬譯）（註六）

　　而這種彈性的存在，內涵的溫柔和愛，將進一步使得復原力可以產生，也就是身心之間的能量是互相協助流動的，就彷彿當眾高人在協助張無忌對抗寒毒時，必須不斷的在偵測各自體內的經絡運行的狀態，來調整輸出和輸入的能量，避免接掌的部位斷了連結，而兩方受傷。

　　「『我的一個病人談到了分析技術的彈性；是我完全接受的一句話。分析師就像一根鬆緊帶，必須屈服於患者的拉力，但不會停止向自己的方向拉動，只要其中一個位置沒有被最終證明是站不住腳的。（Ferenczi, 1928, p. 25）』Ferenczi指的是『靈活性原則』，分析師向被分析者的方向彎曲。他不是在放縱一種願望或需要，而是在創造氣圍和機會來探索，並在必要時，滿足需求。這是一種因未充分被滿足的創傷而產生的需求。令人挫折沮喪的需求，可以被視為再次創傷，尤其是在嚴重的創傷性疾病中。」（王盈彬譯）（註六）

六、萬一身心即將分離

　　要談身心這兩者的存在特性，是可以引進另外一個更大的存在。就是當遇到了阻礙而無法發揮共用的心思時，必須要把這兩個元素暫時分開，像是一種斷尾求生，人需要把兩個各自的能力發揮到最大，像是進行個別特訓一樣，希望最後再合在一起，達成一開始沒有辦法達成的目標。也許可以通俗地說，孩子就是生下來了，於是就是要活著，不用思考，但是當活著遇到了一些阻力，有了一種痛苦的經歷，就必須得想辦法，於是有了一個叫做身體的忍耐和鍛鍊，一個叫做精神的忍耐和鍛鍊，這忍耐其實是痛苦的，於是需要有個「一」的東西，來幫忙做協調跟處理，於是這一個分開需要有個線把彼此拉住，因爲本來就是在一起的，而且可以互相支援，但是也有可能互相牽制。於是這個線會因爲各種的原因的變形，也許是像性化，把兩個的距離拉近；或是去性化，把兩個的距離拉遠；又或是理智化，讓mind接手；又或是解離化，讓沒有或退行變成一種保護；又或是扭曲，讓線有胖有瘦；還可能有涵容（contain）功能，阻隔或暫存一些待消化而具有破壞性的能量。

　　「殷素素常見到兒子身上青一塊、烏一塊，甚是憐惜，

向謝遜道：『大哥，你神功蓋世，三年五載之內，無忌如何能練得成？這荒島上歲月無盡，不妨慢慢教他。』謝遜道：『我又不是教他練，是教他盡數記在心中。』殷素素奇道：『你不教無忌練武功麼？』謝遜道：『哼，一招一式的練下去，怎來的及？我只要他記著，牢牢的記在心頭。』殷素素不明其意，但知這位大哥行事處處出人意表，只得由他。不過每見到孩子身上傷痕累累，便抱他哄他，疼惜一番。無忌居然很明白事理，說道：『媽，義父是要我好，他打得狠些，我便記得牢些。』……紮結木筏之際，謝遜總要無忌站在身邊，盤問查考他所學武功。這時張殷二人也不再避嫌走開，聽得他義父義子二人一問一答，都是口訣之類。謝遜甚至將各種刀法、劍法，都要無忌猶似背經書一般的死記。謝遜這般『武功文教』，已是奇怪，偏又不加半句解釋，便似一個最不會教書的蒙師，要小學生呆背詩云子曰，全然圇圇吞棗。殷素素在旁聽著，有時忍不住可憐無忌，心想別說是孩子，便是精通武學的大人，也未必便能記得住這許多口訣招式，而且不加試演，但是死記住口訣招式又有何用？難道口中說幾句招式，便能克敵制勝麼？更何況無忌只要背錯一字，謝遜便重重一個耳光打了過去。雖然他手上不帶內勁，但這一個耳光，往往便讓無忌半邊臉蛋紅腫半天。」（註三）

#我們會聽心的話

當受到過度的創傷或耗竭，我們常用來鼓勵人的話是，「忍耐一下，痛一下就好了」，「吃飽睡好，才有體力應付這心裡的煎熬」，於是身心的運作，有了忍耐的成分。再進一步，可以將「苦其心志、勞其筋骨、餓其體膚」，視為「天將降大任於是人也」的其中一塊拼圖。如此心思的運作，讓身心的痛苦，附加了強烈的正面價值，甚至是一種誘惑，或者是讓心思取代了心身。這可粗略的歸類在憂鬱或焦慮或強迫症的範疇。

#我們會感覺身的運作

當過度創傷，於是身的運作，有了必須的超能量，為了繼續活著，soma藉著器官的運作而行，各種感官的感受放大，可以聽到、聞到、嘗到、看到，危險的事物，可以引發動作來防衛和躲避，無止盡的吃、身體的痛、無心思的身體運作。身體化症，或是暴食厭食，或施虐受虐，或甚至一些身體的疾病可以粗略的歸類於此。

#斷裂的「一」，mind的出走

「這是一種最令人不舒服的狀態，尤其是因為個體的精神，從最初與身體的親密關係中被『誘惑』到了這個心智中。結果是一種病態的心智精神（mind—psyche）。」（王盈彬譯）（註一）

Mind在協調或調度，讓這些感覺動作經驗可以變成一種記憶或意識，於是可以經由象徵化的符號語言文字來傳遞，這樣可以在身心受創時，維持一種如同披上盔甲的狀態，讓內部的脆弱不堪可以有機會休養治療，但是當然也有可能只剩下空殼而失去了合一的存在。這或許可粗略歸類在自戀的一種樣貌（強大的mind）？或是解離（無知的mind）？或是精神病（幻覺的mind）？

七、身心合一，也有心思相伴
（psyche+soma+mind），合而為一

「事實上，Winnicott 描述了人們如何尋求思想以應對侵入。同樣，Guntrip 描述了這樣的患者，當他們敢於將活動和

思考放在一邊時，會感受到痛苦和絕望，然後在治療退行中產生深刻的放鬆感。也許最著名的是他在他自己被Winnicott的分析中描述了這一點，他報告說『你知道要保持活躍，但不是關於成長，只是在睡覺時呼吸和心臟跳動，而無需做任何事情來讓它們工作』（Hazell，1996年，第249頁）。」（王盈彬譯）（註三）

當mind並非如Winnicott所定義的，對立於psychesoma，而已經運作到可以與身心合一，或者說心思回到心中，或是這在其中的「一」，已經代表一種通透順暢的境地時，可以用張無忌在最後練成的太極拳或太極劍來比擬，那是一種忘我的境界，也就是mind融合了身心，或者稱為回歸了。

「張三丰道：『用意不用力，太極圓轉，無使斷絕。當得機得勢，令對手其根自斷。一招一式，務須節節貫串，如長江大河，滔滔不絕。』他適才見張無忌臨敵使招，已頗得太極三昧，只是他原來武功太強，拳招中棱角分明，招招有勁，未能體會太極拳那『圓轉不斷』之意。張無忌武學所知已深，關鍵處一點便透，聽了太師父這幾句話，登時便有領悟，心中虛想著那太極圖圓轉不斷、陰陽變化之意。……阿三右手五指併攏，成刀形斬落，張無忌『雙風貫耳』，連消帶打，雙手呈圓形捲出，這一下變招，果然體會得太師父

所教『圓轉不斷』四字的精義。……聽張三丰道：『無忌，我創的太極拳，你已學會了，另有一套太極劍，不妨現下傳的你，可以用來跟這位施主過兩招。』……張三丰一路劍法使完……只聽張三丰問道：『孩兒，你看清楚了沒有？』張無忌道：『已忘記了一小半。』……張三丰微笑道：『好，我再使一遍。』提劍出招，演將起來。眾人只看了數招，心下大奇，原來第二次所使，跟第一次使的竟沒一招相同……『還有三招沒忘記。』……『這我可全忘了，忘得乾乾淨淨的了。』」（註二）

　　而在精神分析的論述中，潛伏期的一種潛伏，可以比擬成撤退回歸到身心合一的狀態，並尋求母親的同在，也就是重新出現好的促使環境。人來到世界上，終將有孤獨的時候，所以只有回到源起，才是永遠的起點，那是psyche─soma合一的地方，也是母嬰一體的地方。

　　「我認為退行的概念在獨立精神分析學派傳統（Balint, 1968; Rayner, 1991）中是如此重要，部分原因是，在退行中我們看到了深度放鬆和輕鬆的狀態，並信任自己的客體。這就是Winnicott所說的部分內容，他說第一個真正的獨處體驗，是在母親面前獨處（Winnicott，1958）。」（王盈彬譯）（註三）

這在佛洛伊德的論述中，也可以看到如此的描述，「我們認為，無論是在自我中還是在本我中，大腦中都存在著一種可替代的能量，這種能量本身是無屬性區分的，可以被添加到定性地區分為情慾或破壞性的衝動中，並增強其整體的灌注性。如果不假設不存在這種可替代能量，我們將無法取得進展。唯一的問題是它來自何處，它屬於什麼以及它表示什麼……似乎有一種合理的觀點認為，這種可移動且無區分性的能量，無疑在自我和本我中都是活躍的，它來自性慾的自戀儲存——它是去性化的愛神。由此，我們可以輕鬆地繼續假設，這種可移位的性慾被用於享樂原則，以消除阻塞並促進釋放……如果這種可替代的能量是去性化的性慾，它也可能可以被描述為昇華的能量；因為它仍將保持愛神的主要目的，即團結與連結，因為它有助於建立統一性或趨向於統一，這是自我的特別特徵。如果將更廣泛意義上的思維過程包括在這些位移中，那麼思維活動也來自於情慾動力的昇華。」（王盈彬譯）（註七）

因此也可以推論，存在的「一」，代表了一種可以互相的傳輸路徑，讓能量的運行，可以順著不同的需求而分布運作，不需要有一種專一的指向性。

總結

　　以上總總的論述，以身心之間的「一」作爲起點，往前看身心原本是一體的，就如同剛出生的嬰兒一樣，往後看身心是兩個必要產生獨立的空間，以尋求個案的發展，目的之一是爲了應對外在環境的入侵，截長補短的互相支援。雖然是分開的主題概念，但是尋求的是連動的調節運作，這其實不違背此文一開始Winnicott在描述的，我們只有一個身體，而精神附著其上，這樣的演化，也就助長了人類團體行爲跟往外擴張的一種趨勢，而這一切的過程，都仰賴著不斷出現的潛伏期，作爲調節身心兩個主體的重要關鍵。

參考資料

- 註一：Abram, J. (1996). The Language of Winnicott: A Dictionary of Winnicott's Use of Words 160:1-450.
- 註二：Music, G. (2015). Bringing up the Bodies: Psyche-Soma, Body Awareness and Feeling at Ease. Brit. J. Psychother, 31(1):4-19.
- 註三：金庸。倚天屠龍記（全四冊）新修版，遠流出

版社。

- 註四：Atlas, G. (2016). Breaks in Unity: The Caesura of Birth. Stud. Gend. Sex., 17(3):201-204.
- 註五：Conrad, J. A. (2021) Drive theory, redux: a history and reconsideration of the drives. International Journal of Psychoanalysis 102:492-518.
- 註六：Rachman, A.W. and Hutton, L. (2006). Clinical Flexibility in the Psychoanalytic Situation: The Elasticity Principle. Psychoanal. Soc.W., 13(1):21-42.
- 註七：Freud, S. (1923). The Ego and the Id. The Standard Edition of the Complete Psychological Works of Sigmund Freud, Volume XIX (1923- 1925): The Ego and the Id and Other Works, 1-66.

【講員簡介】

王盈彬

精神科專科醫師

精神分析取向心理治療師

臺灣精神醫學會會員

臺灣精神分析學會會員

臺灣精神分析學會《台南》心理治療入門課程召集人

英國倫敦大學學院理論精神分析碩士

王盈彬精神科診所暨精神分析工作室主持人

聯絡方式：https://www.drwang.com.tw/

潛伏期和涵容（containing）
VS《一一》與《灰姑娘》

王明智

孩子們相聚在無垠世界的海邊。

暴風雨浪跡於一望無際的蒼穹，

船舷朝平靜無波的大海沉殁，

死亡迫近，孩子遊戲。

無垠世界的海邊，有著孩子的盛宴。

——泰戈爾

（王明智譯）

On the seashore of endless worlds children meet.
Tempest roams in the pathless sky, ships are wrecked in
the trackless water, death is abroad and children play.
On the seashore of endless worlds is the great meeting of
children.

之一、洋洋這張臉

談起潛伏期，心中便浮現出電影《一一》裡頭洋洋的臉。小小的個頭，白皙的皮膚，慧詰的眼睛，噘起的嘴唇微露皓齒，幸福就是內心並無太多罣礙，獨立於擾嚷的塵世之外，永恆的茵夢湖。

這種獨立性，也讓我想到佛洛伊德在〈論自戀〉談到猛禽，那種旁若無人的尊貴，讓人目不轉睛。這種自戀不是搔首弄姿張牙舞爪，而是盡其在我，徜徉於自我的小天地。

或者說，獨立於時光之流，不被激惹不受驅趕，乾乾淨淨的清明。

但其實，《一一》這部電影從一開頭，卻是暗潮洶湧。

舅舅阿弟先上車後補票的婚宴，前女友醉酒鬧場，婆婆蹙著眉身心不舒暢，推說回家休息，沒想到因爲小孫女婷婷忘記倒垃圾，婆婆幫忙將垃圾拿到樓下時頓時昏厥成植物人。

爾後，婆婆的臥房，因著醫師建議要多跟她說話以活絡腦部，電影的主題就從這裡開始。

有影評說婆婆的房間就像是颱風眼，家裡的每位成員，像是圍繞著中心的暴風與氣旋，詭譎多變，一刻也不得平靜。

　　無論是生活空虛上山修行的媽媽，遠赴日本幽會初戀情人兼談生意的爸爸，或者是情竇初開卻意外涉入情殺的姊姊（婷婷），或者那個腦滿肥腸的舅舅（阿弟）。飲食男女，欲力如翻騰的積雲，不停地湧動形變，令人目不暇。

　　沒有一句台詞的婆婆，卻是全片的中心，故事在她身上跌宕。昏迷時，婷婷、爸爸、媽媽、阿弟、洋洋在各自心事裡遊走，只有在面對臥病在床的婆婆才能停下來，宛如告解。

　　婆婆代表的那個最中心的位置，是靜止不變的沉默。

　　什麼東西睡著了？是真的睡著嗎？為何隨伺在側是如此鮮活的愛與恨？什麼東西死去了？或者還沒死去？生命中不變的是什麼？變的又是什麼？

　　從婆婆的房間出發，那個巨大的颱風壟罩著島國，壟罩著思索的長夜。這篇小文就是希望得以撥雲見月的小小嘗試。

之二、通電之前

十歲的洋洋接近潛伏期末尾，但他小小的身形更像初初步入潛伏期，這個年紀的小孩有著怎樣的心思？

影片開頭的婚禮大合影，洋洋一直被同齡的女孩捉弄。如我們所知，兒童期女孩總發育的比男孩好，洋洋身上更是凸顯這種懸殊，站在女孩身旁的洋洋像個小弟弟，當洋洋把注意力從母親轉移到女孩身上，卻沒有被溫柔善待，不知會帶來怎樣的感受？

這種逗弄，多多少少也帶著性刺激，洋洋卻無力應付，使其處境更像無助的嬰兒。帶著誘惑的施受虐，洋洋可曾感受其中的性意涵？抑或潛伏期的潛抑使其遺忘性慾，宛如前世記憶？

此種依稀記憶，被孩子捉狹的男生愛女生遊戲，導入可愛又尷尬的錯置感。影片中有一段，洋洋帶著婚禮汽球到學校，兜攏在T恤的肚子裡（對先上車後補票的舅媽感到好奇），一群男生嬉鬧訕笑，卻被綁著馬尾的風紀股長（人稱小老婆）厲聲喝止。

初具性魅力的女孩氣噗噗離去，留下洋洋一臉無辜。潛

136

伏期的主體被分裂成兩個部分，明處的是弱肉強食（自我保存）之生存遊戲，還有嚴厲超我對主體的折磨；暗處呼之欲出的性特質，卻被投射到訓導主任身上。

隨後的課堂，應該是風紀打的小報告（小老婆稱謂呼之欲出，暗指訓導主任的小老婆），主任點名洋洋，聽說他帶保險套到學校，要他認罪。洋洋一派鎮定地反問主任：沒親眼看到怎能聽信他人就輕易相信？

看來保險套的性意涵並未在他的內心形成有意義的表徵，性欲此時還被置換為對於勤勉以及知性的追求。這種淡定的自我沉醉是潛伏期的小孩就令人欣羨之處，也是很多小孩立定人生志向的起點。

佛洛伊德指出，既使在潛伏期，性衝動未嘗停止，而是透過防衛與身體反應導向它處。例如，我們在兒童遊戲身上反覆看到的機械性運動（身體擺動或鐵路旅行時身體隨之震動），或者透過情感運作（例如考試焦慮或者尿床），甚至是智力活動，也可以觀察到性興奮的痕跡。

電影中就表現在男孩女孩的追打遊戲，還有洋洋發動的氣球攻擊。第二波攻擊發生在洋洋發現氣球可以裝水，進而對主任發動水球攻擊。當一波波水球砸落在主任的禿頂，陽

具噴發的勝利感油然而生。

　　當洋洋為了躲避主任逃到視聽教室，女孩忽然打開門扉，裙擺不小心被門把撩了起來。有趣的是，銀幕上正播映著雲朵正負電極碰撞所迸發的閃電，轟轟隆隆雷聲大作。

　　洋洋心中的某種電極也被接上，他感知到隱身幕後的性欲。彼時，洋洋距離青春期大約還有兩年，從五歲到十歲，發展了基本的生存能力，為之後的性成熟打好基礎。

　　如果紅塵世界像是一場聲光大作的巨型電玩，在投身於這項遊戲之前，自我到底學會多少技能，擁有多少寶物與密技？才能使得主體開啟這場壯遊不致太快滅頂？

　　潛伏期不管是心理防衛？抑或人類遺傳的生存設置，還是文化的啟蒙儀式，多多少少都具有這項寶貴功能。在洋洋還沒通電，性欲的風暴還未席捲之前，潛伏期對於幼小的人類真是個好東西。

之三、心理的育兒袋

　　讓我們來科普一下。

　　懷孕中的袋鼠媽媽由於沒有完整的胎盤，袋鼠寶寶不能

從母體獲得足夠養分，因此4到5週出生時算是典型的「早產兒」。之後寶寶爬進媽媽的育兒袋內繼續培育。在育兒袋中的寶寶很安全，媽媽能透過袋內的乳頭哺乳。數週之後，寶寶準備好，將可暫時或永久離開育兒袋。

　　或許我們可以這麼說，人類的心智發展沒有想像中成熟，算是「心靈的早產兒」，因此潛伏期就是某種心靈的育兒袋。

　　心靈要面對內在的激擾已經夠困難了，當心靈準備面對外在世界，首先就要區分出寶寶跟媽媽；然後這個「外在」逐漸複雜起來，有爸爸、手足、老師、上司、同事……。

　　或許這也是電影《一一》標題的旨趣，剛開始寶寶媽媽是一，然後寶寶與媽媽分開為兩個一，也就是二。透過寶寶與媽媽可以分離，寶寶也開始學會區分內在與外在世界。然後，分離的痛苦促進我們形成象徵的能力，我們開始可以將自己的經驗表徵為一個又一個世界，因此一一也可以代表萬千無垠的世界。

　　《一一》的英文片名譯成《A One and a Two》，緣起是爵士樂手演奏前的數拍子，透過這個起手式，變化萬千的音樂於焉開始。因此一一也可說是生命與一切事物的開始。

所有的開始都是簡單的一，然後再成複雜的二（多）。

這樣一個大千世界就電影來說是透過婆婆的房間所培育的，或許我們可以這樣想像，房間外面有著絢爛的煙硝與戰火，房間內就是非戰區。進房間的人擁有某種特權，可以暫時逃離那些應接不暇無以名之的恐懼，讓心沉靜下來，慢慢地，透過在這個房間跟婆婆說說話，可以整理那些亂糟糟如流彈亂竄的思緒。一方面我們存活下來，一方面透過這樣的梳理，我們長出某些能力，等我們準備好，又可以重新投身戰場，為自己奮力一戰！

不少理論家如安娜佛洛伊德與Winnicott，都很強調在潛伏期非戰區的保護，以及囤積戰糧與裝備的重要。安娜佛洛伊德遵循父親的想法，在《自我與防衛機制》中寫道，當孩子來到潛伏期時，可以使用所有的自我防衛機制，使其能夠更好地掌握環境並且發展出比快樂原則更重要的現實感。

Winnicott在《Child Analysis in the Latency Period》中提到一個潛伏期防衛失敗的孩子，被內在世界吞沒，陷入精神病式的發作中。他哭著對母親說：「媽媽！我不是在作夢，而是天天醒著作夢！！」因此Winnicott強調

潛伏期的孩子不直接參與完整的生命；成年人可以犧牲本我的自由來成全自我的能力，可說是潛伏期持續作用的表現。因此在潛伏期，理智必不可少，這個階段的孩子無法保持理智的話在臨床上會病得很重。

之四、涵容

當自我沒有準備好的時候，被這些異常原始的流彈掃到，會是什麼光景？

蔡榮裕醫師在〈精神分析師W.R. Bion系列：未來二十年的顯學（35）〉生動地形容那些在頭頂亂竄的流彈：

「……如果把這些beta粒子比喻成他參加第一次世界大戰時，他在坦克裡而外頭是飛來飛去的子彈，加上是文明重要地帶的歐洲竟發生世界大戰，這是讓人多麼難以理解和想像的事啊，如何解釋呢？

如果再加上比昂後來對於精神病（psychotic）人的精神分析經驗來說，好像是有一些根本就難以消化，不知那是什麼的東西梗在某個難以預期的地方不時出現，以精神病症狀的方式出現。

是否這些由人所投射出來的手彈，和精神病人好像有一

些說不清楚卻會影響個案的東西，這兩種經驗都假設有一種不可解，不知在何處的東西？如果回到人性或心智的潛意識世界裡，是否存在著這些難以了解的東西？比昂為了說明，因此將這些被投射出來的東西，以物理學的粒子論來描述它，他說它們是beta粒子或beta元素，是指這些粒子根本無法捉摸，無法定位，無法了解，但它們卻不時發揮著作用。

　　由於beta粒子是很原始的，因此當它們發揮作用時，所呈現的是很原始的人性反應，也許有些接近我們語言裡的『不可思議』吧，雖是不可思議，有時甚至具有如子彈般，產生了現實上當事者與社會和其他人之間的破壞力。它們發生了讓人困惑的現象並形成症狀，一如戰爭也是人性症狀的呈現。

　　比昂有了這個假設，也假設另有一種alpha功能，可以消化beta元素成為可以出現在夢裡的材料，比昂叫它做alpha元素（alpha element）。既然變成了可以出現在夢中的材料（但仍是無法直接意識上可以理解），以精神分析的經驗來說，就表示是可以被想像，被討論，而被了解了。比昂這些以臨床經驗為基礎的理論假設，也開啟了《夢的解析》再被重新思索的基礎。」

　　就《一一》來說，總會有一些不預期的時刻，片中角色

就會被這些流彈掃到。

譬如說婷婷家的鄰居莉莉，就有一個晚上大呼小叫、瀕臨崩潰的母親，她其實是個感情不順利的女性，一個人帶莉莉長大，身邊的男人不時會背叛她。

這樣的愛情腳本好像也被莉莉認同，莉莉先是與胖子談戀愛，後來又勾搭別人甩掉胖子，最後發現母親與老師有染。不能接受的莉莉竟然去勾搭老師，與母親的男友有染。出人意表的是，最後胖子竟殺死莉莉的老師。

更荒謬的是，胖子也為了氣莉莉勾搭涉世未深的婷婷。某次約會，胖子跟婷婷說：人類因為電影可以多活三倍的人生，譬如生活中不可能殺人，就可以藉由電影體驗。

沒想到胖子最後竟然親自殺了人。真實的世界比電影還瘋狂。

我們看到這些青春期的孩子，在戰備與戰糧尚未準備充分的情況下，被流彈掃到的慘烈景象，不得不意識到人類心智內在的自我調節機制，在性蕾期與青春期的過渡，設置了潛伏期。讓我們可以儲備戰糧與戰備。

比昂（1959）與Hanna Segal、Herbert Rosenfeld分析精神病人的臨床實務，可謂深入槍林彈雨匍匐前進，融合

自己的戰時經驗，逐漸勾勒出一幅圖像，那些出生入死的懼怖，在分析師的心智中，溫柔地轉化為母親對孩子的照顧。他認為當孩子撕心裂肺地哭泣時：

「媽媽的回應也會有一種不耐煩的聲音隱隱迴盪：『我不知這孩子到底怎麼了!?』為了了解孩子對媽媽的需求，媽媽需要看待孩子的哭聲遠不僅是需要她在場，媽媽還要能投身其中，從孩子的觀點去體會，融入孩子的哭泣裡，細細體會孩子瀕死的恐懼。這是孩子無法涵容的恐懼，因此只能掙扎著把它們全都分裂出去，一同化為人格碎片，投射到媽媽身上，好讓母親來承載它們。善解人意的母親要有能力去經驗這些恐懼，這是尚且無法勾勒內心圖像以維持平衡的孩子，奮力應付投射認同的足跡。此外，病人還要費心應付無法涵容感覺的母親，這個母親不僅會否認孩子所投射出來的感覺，不讓它們進入心中，還會變成陷溺於投射認同，憂心忡忡的獵物。然後否認的氛圍隨之占領母子的心智，幸好這種悲慘的情況尚屬少見。」（王明智譯，取自Bion, W. R. (1958) On Arrogance. International Journal of Psychoanalysis 39:144-146）

透過這樣的描述，我們可以感受到母親的內在心智就像

是一個巨大的避難所，孩子無法容受的巨大災難，需要母親為其隔出心靈風暴的非戰區。這種隔出需要一種承受槍林彈雨的能耐。

如此有界線的母親，可以協助寶寶區分內在與外在，精神病與非精神病；不僅涵容寶寶，也有一種能耐可以涵容自己；涵容自身的焦慮，容受心靈的痛苦。這方心靈空間的外面是槍林彈雨，內在卻可以沉思默想，細心咀嚼，再以對孩子有用的方式轉換，回返給孩子作為解毒劑。

如此點點滴滴、來來回回，孩子逐漸產生對母親（涵容者）的認同，並將這種能力內化為自己的一部分，進而擴大其心智空間。對潛伏期的孩子來說，透過母親涵容的功能，透過表徵、思考，養成反思的能力，以語言記憶組織取代感覺運動組織，面對經驗才不至於行動化。

如此，一個冷靜、有教養、溫柔堅韌的潛伏期孩子逐步形塑而出。

電影最後，無端被捲入戀愛風暴的婷婷因為胖子殺人到警局作完筆錄回家，身心俱疲地走進婆婆房間，不斷問著婆婆：我又沒有做錯什麼？為什麼會發生這些事？

寤寐之間，婆婆醒來了，在房間摺著紙，婷婷靠在婆婆的臂彎，婆婆用手溫柔地撫慰著婷婷。

　　婷婷對婆婆說：我已經好幾天都沒睡了，我好累喔婆婆，現在妳原諒我了，我可以好好睡了。

　　婆婆，為什麼這個世界，和我們想的都不一樣呢？妳現在醒過來，又看到它，還會有一樣的感覺嗎？我現在，閉上眼睛，看到的世界，好美喔！

　　睡著的婷婷手中握著婆婆為她折的紙蓓蕾，接下來的空鏡是盆栽抽出嫩芽來。

　　楊導在這裡處理的手法極其溫柔。婆婆真的醒過來了嗎？還是那是一場夢？被流彈傷到的心靈可以沉睡嗎？睡醒後，會不會長出不一樣的眼光，看到不一樣的世界？

　　我想這個場景，就像是潛伏期為孩子所營造的涵容空間。而電影中的婆婆，我們做的夢、玩的遊戲、薩所羅蘭持續對話的電影、文學、藝術等……也為我們劃出非戰區，撐起這方空間。

　　婷婷此時的性慾也暫時沉睡了，她化為潛伏期的睡美人，沉睡為她從時間與本能無情的推進中爭取心靈的空間，

在我們還未能承受槍林彈雨時先為心靈圍出非戰區，遏制戰火波及，讓我們有餘裕補給糧食與裝備。

等我們再度醒來那一刻，就睡美人而言，或許才能承受王子的吻。

之五、背面

而這種種的潛伏期裝備是什麼呢？就佛洛伊德對潛伏期的觀察，概述出所有的潛伏期裝備：

對性感到嫌惡、羞恥、反向作用、昇華、退行、潛抑、理智化，以及與之相伴的強迫性防衛。後來，他還認為幻想在潛伏期也扮演重要的功能，有了幻想就可取代行動。

後續的理論家繼續推衍，認為透過這一切可以進一步發展出反思功能。

爸爸說洋洋很像他，發現洋洋對於人性好奇，因此送他相機。之後，相機成為洋洋探索與思考這個世界的工具。

某次洋洋逃課洗照片被逮，被女孩抓去訓導主任那，主任嘲笑洋洋拍的照片，一堆不知所云的空鏡頭好花錢的「前衛藝術」。

其實，那些空鏡頭是洋洋爲了找出那些無所不在叮咬他的蚊子，像是那些出其不意，來自外在現實的刺激，譬如女孩，或者訓導主任。

洋洋被女孩觸電之後，也以鏡頭探索女孩身影，無意瞥見女孩在泳池游泳昕長的肉身；爲了探索愛情，洋洋在自家洗手抬憋氣練習潛水，再單獨偸溜去泳池，結果游泳時差點溺水。一身濕淋淋回家的洋洋，臉上卻掛著止不住的笑意。

這種輕盈，對比於電影中其他角色的沉重；對洋洋而言，生命的挑戰化爲一道道有助成長的習題，可以讓他很有餘裕地面對。或許這就是潛伏期涵容了這個年齡的小孩。

有一天爸爸無意發現洋洋拍攝各色人的「後腦勺」，讓人感到疑惑。當他把其中一張舅舅的「後腦勺」遞給他並由舅舅指認出自己之後，得意地笑出來，講出了「你自己看不到啊，我拍給你看」。巧妙地是說這句話的時候畫面裡只剩下洋洋的後腦勺，留下恍然大悟的爸爸盯著他看。

「後腦勺」代表著什麼呢？看到別人看不到的「後腦勺」，不正就是精神分析一直在做的事情嗎？當我們觀察的時候，永遠不要只看到表象；而當我們思考的時候，永遠不要滿足於此刻的答案，如果有可能，繞過去背面，再多想一

點點。

此外，後腦勺對照著正臉，死亡對照著生命，奶奶的房間對照著圍繞著房間的風暴。意思會是，當我們面對生命，並不一定總是正面迎戰，而是有時候可以採取背面的方式？是無為而治？還是如同潛伏期所採取的後退一步的方式，休息是為了走更長遠的路。

最後，在婆婆的葬禮，爸爸、媽媽、婷婷、舅舅坐在後面，盯著洋洋的後腦勺，洋洋面前是婆婆（我們每個人的歸處：死亡）。

生命從來不會停止流動，本能也堅持不懈地向前推進，《一一》提醒我們，永遠也不要忘記停止思考。

婆婆，對不起，不是我不喜歡跟你講話，只是我覺得我能跟你講的，你一定老早就知道了，不然，你就不會每次都叫我「聽話」。就像他們都說你走了，你也沒有告訴我，你去了哪裡，所以，我覺得那一定是我們都知道的地方。婆婆，我不知道的事情太多了，所以，你知道我以後想做什麼嗎？我要去告訴別人他們不知道的事，給別人看他們看不到的東西，我想，這樣一定天天都很好玩。說不定，有一天，

我會發現你到底去了哪裡，到時候哦，我可不可以跟大家講，找大家一起過來看你呢？婆婆，我好想你，尤其是我看到那個還沒有名字的小表弟，就會想起你常跟我說：你老了。我很想跟他說：我覺得……我也老了。（取自《一一》電影台詞）

【講員簡介】

王明智

諮商心理師
臺灣精神分析學會會員
《小隱》心理諮商所所長
臺灣精神分析學會推薦精神分析取向心理治療師
臺灣精神分析學會影音小組召集人
松德院區《思想起心理治療中心》心理治療督導

潛伏期和擁抱（holding）
VS《心中的小星星》
劉玉文

　　沒有說出來的恨與說不出的愛是什麼？在潛伏期年紀的孩童，他們的愛和恨又是什麼模樣呢？現在就先藉由《心中的小星星》這一部有著濃厚童趣也揉合著悲傷調子的印度電影，帶我們走入潛伏期的世界。

誰才是躍升的那顆星

　　綁好鞋帶，扣緊皮帶，準備上戰場。扛起你的包袱，手拿檔案下定決心。我們要攻占世界、我們要堅守陣地。世界就是這樣，繼續努力，你的目標在召喚你，繼續努力。他們睜一隻眼睛睡覺，不給你落後的餘地，拼命努力，聽命行事，他們吃蛋餅、維他命和補藥度日，嚴守工作和休息的規律。大步跨開、用盡全力、向前邁進。——歌詞《心中的小星星》

同質化的教育講究原則和紀律，在印度高度競爭環境之下，8歲的伊翔讓父母與老師都傷透腦筋，幾度氣炸，看起來想要聽從大人們的要求，但下一秒卻嘻笑、扮著鬼臉。他忘東忘西、不專心、早上賴床讓媽媽抱上校車，放學則被校工抓上校車，他總是最遲到的那一個。動作莽莽撞撞、說話音量過大、容易插嘴、房間亂糟糟。考得太差不敢拿成績單給爸媽看，只好威脅哥哥代為簽名。畫面來到伊翔的哥哥——龍汗放學回家，母親緊追在後問考試成績，龍汗扼腕說：「代數、幾何、物理、化學、生物、英語、歷史、地理都第一，就只有印度語差兩分第二！」一旁的伊翔正開心地拼圖、指頭沾滿豔紅顏料。有時候，天空突然飛落的風箏會立卽讓他擦乾了眼淚，地上閃亮的玻璃和金屬會被收到他的百寶袋。在教室裡，隔著窗櫺，外頭的事物常叫他分心。課業上的不理想讓老師不喜歡，也成為同學取笑的對象，逃離成了另一個選項。帶著落寞的心情，這天他沒進教室，走出了校門。他眼中的街市是那樣的奇特又色彩鮮明，仰望向上攀爬到鷹架上的油漆工，一顆滴落在面頰上的白漆，那樣的突然觸感卻讓他向著天空展開笑靨；望眼過去是淋上大紅濃紫糖汁的冰棒，像是晶瑩脆涼的寶石；看著路邊大叔高舉水瓶，豪邁傾注的大口喝水，他也跟著模仿，想品嚐那甘甜鮮

美，卻失手淋得一臉的清涼；一位赤膊著上身，肩上扛著幼子在朗朗晴空下行走的溫馨背影讓他心生羨慕。

沒想到蹺課的舉動徹底觸怒了父親，責打了伊翔，認為他的學習態度出了問題，即便母親極力阻止與辯護，父親仍決定將伊翔送往以嚴格管理著稱的寄宿學校。

這裡是正規學校，我們要武裝學生，他們需要競爭、成功，有一個光明的前途。學校講求紀律、秩序、勤奮，這才是完整的教學基礎。——學校老師對尼康說《心中的小星星》

校長和老師約談伊翔的父母，談及伊翔學習成效差的原因：「他故意犯錯、上課從來不聽、常常藉故上廁所、故意惡作劇擾亂課堂秩序，每一科都零分，他也許不正常。」伊翔怎麼也沒想到自己學習失敗之後的反應，在大人的世界裡被解讀為是一種無可救藥的墮落，也剝奪了與母親的聯繫。母親美麗，充滿耐心，為家裡的每個人提供最大的支持，對伊翔更是花費更多的心力，甚至協助伊翔每天穿衣、繫鞋帶。

溫尼科特認為，夠好的母親在於她能夠被孩子傷害，並

且在恨她的孩子的狀態下卻能不去報復他。然而，如果她在被孩子傷害時不能適當的去恨，她就會陷入自虐中。很多媽媽們都在壓抑客觀的恨，並在童年創傷中努力撐起和維持一個「好媽媽」的意象。然而媽媽們在認同自己是「好媽媽」時，就必須把內在「壞」的部分投射到小孩子身上，容易怒罵和排拒任何她不喜歡或看不順眼的地方。在此片中，媽媽無法撼動父親的決定來保護自己，在伊翔的心中留下了什麼烙痕呢？潛伏期是在性器期之後出現，這個階段的孩童已開始消解戀母情結，他們認知到自己對異性別父母的希望及渴望是無法實現的，因此會選擇遠離這些欲望。此時也會開始對同性別的父母產生認同，而性及具侵略性的驅力會以社會可以認同的，例如壓抑及昇華等心理防衛機制呈現，能量開始轉向自我發展，學習該文化所有的技能及價值觀。由一個被原始驅力影響的嬰兒轉變成一個有理解力的人，而且有羞愧，內疚和厭惡等複雜的感情。

在失去最親近的母親與哥哥的陪伴和關懷，又要依循父親的專橫決定，甚至後來認為母親也放棄他的時候，伊翔薄弱的自我意象也隨之瓦解，彷彿「我」不再存於世界，由被遺棄的念頭轉變為主動的自我遺棄。美術課擺了數個幾何圖形靜物，讓學生照著畫，這樣高度制度化且密集的教育模式

讓伊翔繼續崩解。至此，伊翔選擇封閉自己，躲在放棄自我的牢籠。課堂上的「搗蛋行為」是伊翔回應學習遭遇困境的方式，他無法閱讀字母和數字，上課無法專注。當他被老師指定唸課文時，不會讀字的他胡亂唸了一串發音，老師們一律用處罰作為矯正伊翔的方法，卻未曾發現他真正的學習困境，及理解他發出的訊號。

　　大約在6歲-12歲之間，嬰兒性慾望開始潛伏，會將慾力放在周圍的事物中，對遊戲、藝術、體育、學習等活動產生巨大的興趣。這時候的孩子最需要心理的「養育，也開始思考自己的存在對於他人的意義是什麼？離開母親後的伊翔有一大段長長的孤寂與落寞，在寄宿學校裡，伴隨他的只有幽幽的背景歌聲：「從沒告訴妳，我有多怕黑，但妳知道嗎？媽，妳什麼都知道，我的媽媽，別丟下我獨自在人潮中，別送我去遙遠地方，在那裡妳甚至不會想起我來，我那麼壞嗎？」畫面帶到學校歡笑嬉鬧的同學，與伊翔的背影形成對比。「有時爸爸把我盪在太高的天空中，我的雙眼總在尋找妳，希望妳能來把我抱緊，我不告訴他，但是我嚇壞了，我不說別人看不出來，媽媽，妳可知我的沮喪？妳什麼都知道的，媽媽～」

　　漸漸地，他的「搗蛋行為」，那看似與世界敵對的捍

衛，被壓制下來，他不再說話。過往罰站時還會舞動著如同太空漫步的自得其樂，只剩垂頭喪氣的失魂軀殼，連那想像力與情緒輸出的出口——畫畫塗鴉也停止了。我們看見他為了克服孤獨與無能為力的感覺，產生了放棄的衝動，要把自己完全消融在外面的世界裡。

除了上述伊翔的遊戲方式和幻想，像玩頭髮、喜愛某種特殊的味道或撫摸的觸感、哼哼唱唱、觀察光影變化和天空雲朵的形狀和飄移等，從嬰兒發展上來看，嬰孩開始與物品發展出關係，有時候也可能是某種行為，他們正一步步發展出心中的內在母親。當真正的母親不在時，能夠安撫自己，協助處理分離焦慮與獨立。之後青少年、成人時期也可能持續或有不同變化，像是收集某些物品的習慣，進行某些儀式等。孩子的遊戲是介於內在想像和外在現實的中間地帶，若能夠順利發展，孩子會從使用過渡性客體或現象中發展出與他人遊戲的能力，他們的情感與人際關係發展會從這裡開始。當「環境母親」足夠好時，能支持接納孩童的自發性，並賦予意義，孩童可以發展出「真我」。若「環境母親」不夠好，則會出現順從屈服的反應，促使孩童人格中的一部分被孤立出來，形成「假我」。

這裡的「足夠好環境」指的是母性的抱持性環境

（holding environment），一方面母親／照護者能夠盡可能的滿足孩童的需要，另一方面則在孩童的諸多攻擊性幻想中倖存下來，成為一個具有恆常性的好客體。孩童將不會被自己的攻擊性嚇到，也不需要活在傷害父母的內疚當中，同時也能自在地發展真我。但是，如果生活環境中不存在這樣的好客體，則孩童會為了自我的存活而不惜一切代價，建立起符合環境，即客體期望的假我。如果客體趨向於糟糕但穩定，那麼假我就會變得頑固而堅硬，這樣的情況下容易出現強迫性或者自戀性的人格特質；倘若客體形象時常變換不定，給孩童混亂矛盾的體驗，則無法發展真我，就連假我也無法很好建立，這時候容易出現邊緣性甚至分裂人格特質。

據說，在古老又遙遠的索羅門群島上，如果居民需要開闢森林來耕地，他們不需要辛苦用工具去砍樹，只需要一群人圍在樹邊不斷咒罵……就這樣持續幾天，那棵原本茂盛的樹就會奇蹟般地枯萎死去。──尼康《心中的小星星》

看見你，我心中的小星星

老師們宣讀著每個人的成績，背景畫面出現持續跳動

和閃爍著混亂且顛倒的各種文字與符號，不單單呈現出伊翔在文字閱讀上的困難，更透過畫面傳達出伊翔內心的不安。另一方面也窺見他的無窮想像力和創造力，例如伊翔在解答3*9的數學問題時，腦海中正在執行太空任務，要將九大行星中排序第三的地球帶到排序第九的冥王星並取代之。那動畫般的呈現，訴說著伊翔心中3*9=3的想法。電影中很精彩的用各種幻想式的卡通場景來描寫一個閱讀障礙孩童眼中的世界，他不知道自己眼中的世界與其他人如何不同，當然也無從求救。整部影片也用歌曲來傳達表象背後的意涵，唱出伊翔在曉課時對自由的吶喊、在告別父母時的悲鳴與傷痛、父母和哥哥兢兢業業的依照自己的身分做著該有的行為，訴說不得不然的努力與承擔。伊翔話語不多，歌詞就如旁白，也像是輔角敘說出伊翔的苦澀孤獨，以及蓬勃的生命力。

回到臨床上，溫尼考特提到病人僅僅能夠欣賞分析師身上那些他自己能感覺到的東西。或說他所知覺到的「我」是什麼樣子，和他人／世界是什麼樣子僅能從自己感知得到的部分獲得。就動機而言，強迫症患者傾向於認為分析師是用一種無用的、強迫的方式在工作。輕躁狂的患者不會感到抑鬱，除非是在劇烈的情緒轉換狀態下，對於這些在情感發展中抑鬱狀態尚未占得上風，無法感受深刻的內疚感，也無法

感受關切與責任感的病人來說，他們不會把分析師的工作看做是分析師修復他自身內疚感的一種嘗試。一個精神官能症患者則傾向認爲分析師對患者持有矛盾的態度，並希望分析師展現出一種分裂的愛與恨；這個病人，幸運的時候會得到愛，因爲其他某些人得到的是分析師的恨。依此類推，如果一個精神病性患者陷入到一種「愛恨並存」的感覺中，他是不是會深信，分析師也只能同樣陷入一種粗魯而危險的愛恨並存的關係狀態當中呢？一旦分析師表現出愛，他無疑將同時殺死病人。病人會將內在一部分外化或出現投射性認同的心理機制，分析師的作用之一是成爲表達病人內在的媒介，或說是表達病人內在客體的媒介。愛恨並存的關係狀態，是一種與愛的原始衝動所併發的侵略性成分截然不同的東西，它意味著在病人經歷裡，第一次尋找客體的本能衝動的時侯，存在著環境的匱乏。如果分析師將要承受歸罪於他的粗魯感情的話，他最好先做好準備，因爲他必須忍受被放置在這個位置上。首先，他絕對不能否認他自身眞實存有的恨。在當前場景下合乎情理的恨，需要被區分並且保存下來，留待最終的詮釋。

　　有一天，學校來了一個新的美術老師——尼康，他發現班上有一個沉默呆滯，連動筆都沒有興趣的伊翔。尼康好奇

觀察他，經過深入了解才知道伊翔有讀寫障礙，書寫都是呈現鏡像文字的狀況，在語音處理、視覺及聽覺的認知能力、專注力，和訊息組織能力較弱；對分辨左右序列和多重指令有困難，大小肌肉動作不協調。尼康小時候也有同樣的閱讀障礙，看到伊翔，如同看見了鏡子中的自己，嗅出那曾經困頓無助，無止盡的悲鳴。於是他千里迢迢來到伊翔家裡，尋求他父母的支持，邀請他父母一起走進伊翔的世界，也了解他的繪畫天賦。

這天，父親出差，順道來學校找尼康，很自豪的對尼康說他和太太在網路上做了一些關於閱讀障礙的功課。他特地來告訴老師，希望老師不要覺得他們是漠不關心的父母。尼康對父親說「關心啊，是真的非常重要，它擁有治療的力量，是痛苦的慰藉，讓孩子覺得是被需要的」、「孩子，我愛你」、「如果你有困難儘管來找我」、「即使有什麼失敗，有我支持你」，這才叫做關心是吧？接著尼康敘述在所羅門島上原住民砍樹，不用動手，只須大叫咒罵，樹木就自行死去的故事。父親眼裡自傲光芒漸漸熄滅。最後，無地自容，啞口無言，黯然離開老師的辦公室。出門後看到不遠處伊翔正努力的辨識布告欄的文字，慢慢地讀了出來，一時間，父親的淚水終於奔流出來，如逃也般的離去。

擁抱星星的月亮

……像週遭顫動的生命，像決心綻開的花苞，像當季的微風被我們掌握在手心。

他們是我們祖先所留下來的祝福，千萬不要遺忘這些……在地球上的小星星們。

千萬別遺失這些，落入凡塵的星辰。——歌詞《心中的小星星》

尼康在課堂上談及讀寫障礙的狀態，伊翔害怕內心所深藏的祕密被揭穿，不安地緘默著，沒想到老師所提的竟是愛因斯坦、達文西、愛迪生、畢卡索在年幼時同樣在閱讀與書寫中吃盡苦頭，但也因為他們能用不同眼光看待世界而改變了世界。放下了心中的擔憂，伊翔開始好奇這些無可救藥的特質，怎麼也會發生在如此偉大之人的身上。尼康單獨留下了伊翔，並且告訴他此刻班上也有一位遭受讀寫困難之苦的人，只是因為他尚未成名所以沒有人知道。就在伊翔以為老師要指出我了，沒想到尼康老師是說老師自己。當下，老師的話如同月光照亮了星空。

伊翔的父親努力在階級中爬升，給予孩子所需要的，

父親的愛與恨在此停留在一種利得的簡單計算中，對孩子付出愛與關懷，然後孩子以好的表現來回報這些付出。父親的愛建立在對某種等值交易的期待中，當他沒有得到相應的回報，他對伊翔採取了更嚴峻的措施，希望藉由某種暴力讓他屈服，拉進更大的體制，更嚴格的學校來執行。這樣的演算，在自我推演上會產生陰影區，無法運算，人們因為看不到那愈來愈多的陰影區而心生更多恐怖感。當把對方物化的同時，自然也透過控制來限制對方展現真實自我的機會，阻礙了真實親密的開展；希望對方照著我的方式愛我！要他成為我希望的樣子，照顧我的需要！以便於我的利用。對於孩子無法承接自己對人生的「抱負」，而後採取了更粗劣的「報復」，終究形成一個個遭受理想性迫害的個體。這樣客體認同下形成的意識形態，是承先啟後的，如同病毒蔓延，持續變種中。現代人是否生活在一種錯覺之下：似乎很明白自己的追求，但事實上自己追求的，不過是別人期望我去追求的東西罷了！也或許時代背景使然，父母給予孩子的保護和規範，讓孩子不得不與父母揉成同一個樣子，但當所有信念攤擺出來之後，父母幫孩子又是創造什麼樣的泡沫世界呢？是全能與無能、是知識與陰謀、還是人性與狼性的拔河？我們的言行舉止、情緒、感受、思考迴路和信念，無一

不被烙上父執輩的痕跡。有的時候我們是父母的延續，而當我們認爲我們與父母完全不同時，又不自覺地成爲了鏡映中的父母，形成了強迫性重複的代間傳遞。

　　小小的心靈在不斷面對指責的過程中，或許將所有的問題歸結於行爲上的失當，對於伊翔來說不僅可以轉移他無法閱讀的難題：不會認字、也不會寫字，同年齡能輕鬆上手的穿鞋，扣扣子等需要肌肉協調和感官統合的事，他也做不好，慢慢地也將眞正的現象掩蓋以做爲自我保護的盔甲。他看不見自己、也不想去看見自己、不願承認自己和他人的不同，行爲上的改變，看似搞蛋、自我放棄也是伊翔較能掌控的狀態。當然，在那保護的盔甲之下，也需要承擔關於叛逆的控訴。如果直面閱讀困難，被隱藏的也是那更深層的無力與無助感，爲了掩藏，他甚至和全世界敵對了。叛逆成爲是一種逃避，也是一種自我保護的心理機轉。藉由想像的能力，他得以在想像的遊戲中處理「壞客體」，經由過渡性客體處理生氣或無法言說的混亂，而不必在現實中處理。

　　尼康用身體各感官的體驗學習來引導，他在伊翔手臂上畫字，在沙上教他寫字，用水彩在紙上練習字母，用黏土捏出字母家族，甚至用跳階梯來學數學加減法。對尼康來說，教室不只在冰冷的課桌椅黑板上，而是在這個活生生的世界

學習和浸潤，教具也不再是粉筆長尺，而可能是各種東西。尼康熱情、主動鼓勵孩子思考，以靈活有趣的教學方式，和尋求伊翔的父母和學校體制的合作，為他創造「體現價值」的機會，改變伊翔原本所以為的，那怎麼也碰觸不到的真實，也一再在實踐中看見結果不如想像中恐怖。在遊戲裡，協助伊翔再次點亮生命之光，展現繪畫天分，為自己一戰。看似簡單的故事腳本，導演運用充滿創造力和想像力的卡通式狂想畫面，表現出孩童喜悅和困惑的情感，並對比外界所看待的眼光。我們不僅能感受到伊翔錯愕驚恐，也有同理共感的莞爾和新奇。

你是應大自然邀請來作客，這個世界是為你而創造……你是太陽，光芒萬丈；你是河川，你不知道嗎？流吧！高高飛起！……你看，天空顯露出路徑了。迷失的小星星又被找到，全世界都沉浸在星光裡，宇宙閃閃發亮。——歌詞《心中的小星星》

誰能看見毀滅的念頭，看見那隱而未現的恨

孩子在遊戲中，為經驗到的傷害和受苦進行哀悼或修

復，嘗試把東西放在對的地方……當有夠好的母親扮演著扶持性安全的環境，孩子能夠學習接受天性中的破壞欲，在摧毀中仍能感受到愛。溫尼考特在《反移情中的恨》中帶著我們進入他與9歲男孩治療歷程。字裡行間像是一張地圖，曾經的故事是指南針，伴隨著星體天象，引領我們在的潛伏階段行走。

　　在二戰期間，一個九歲的男孩，被送到一個為撤離的兒童設立的收容所，他從倫敦被送來不是因為轟炸而是因為逃學。我試圖在他留宿期間治療他，但顯然他的症狀贏了，他逃跑了。正如他從他待過的每個地方逃跑那樣。自從他六歲第一次從家裡逃跑之後就一直如此。然而，在一次治療中，我透過觀看與詮釋他的畫，得以了解在他的逃跑中，他潛意識地在拯救他的家庭內部，保護他的母親不受攻擊，並試圖逃避他那充滿迫害者的內心世界。當他出現在我家附近的警察局，我不驚訝。這是為數不多還對他不熟悉的警察局之一。我太太大方地接受了他，並讓他留在我家三個月，三個月的地獄生活。他是孩子中最可愛也最令人抓狂的一個。但幸運的是，我們知道會遇上什麼。第一個階段的處理是給他充分的自由，當他每次出門時給他一先令，無論哪個警察局接管了他，他只要一通電話，我們就去接他。不久，預料中

的轉變發生了，逃學的症狀不見了，男孩開始將暴力在內部戲劇化（扮演內在的施虐客體）。我得不分晝夜地，在任何時候做詮釋，解決這些危機的唯一方法就是做出正確詮釋，彷彿這男孩就正在分析的過程中。他重視正確的詮釋勝過一切。

　　這篇文章最重要的目的在說明，這個孩子的人格演變如何在我的身上引發恨，以及我是怎麼處理的。我打了他嗎？答案是沒有，我從不這樣做。但是，如果我不知道我的恨，如果我也不讓他知道，可能會不得不打他。在他發作時，我會用身體的力量來制服他，不帶有憤怒和責備，讓他站在大門外，無論天氣如何，是白天或者黑夜。他可以按一個特製的門鈴。並且他知道，如果他按了它，他會被重新接受並且我們會對發生過的事情隻字不提。一旦他從發狂的攻擊狀態中恢復過來，便可按這個門鈴。重要的是，每次我把他放在門外，我會告訴他一些事情。我說，發生的這件事讓我恨他。這是很容易的，因為它是如此的真實。我認為，從他進步的角度上來看，這些話語很重要；但最重要的是，這些話語使我能夠容忍這樣的情形，而不是發洩、發脾氣，甚至是不時地想殺掉他。這個孩子後來去了一所青少年管教學校（Approved School）。他與我們之間根深蒂固的關係，一

直是他生命中的爲數不多的穩定的事物之一。這個來自普通生活的一幕……可以用來說明這種恨是被病人（孩子）的某種行爲觸發出來的。

以上這些說明是溫尼考特和這位男孩在關係上展示holding的實質做法，當中所做的詮釋如果要運用到其它場域，仍得回到移情和反移情的觀察和假設。以此爲基礎來做判斷，雖然可能判斷錯誤，也不必然有這裡所提出的效果，但是他所提出的想法和做法的確是在精神分析以診療室爲基礎時的經驗擴展。雖然溫尼考特的做法招來一些批評，而且要由這個歷程來假設，潛伏期裡的愛和恨，也隱含了他個人對於愛恨的特殊論點，但可以讓大家再重新想像和建構這階段的兒童心思。我們以潛伏期做爲主題，也嘗試說明這個和之前的性蕾期、之後的青春期之間，可能的不同心理反應。除了用不同現象來說明，也嘗試再說明這些表相底下又有什麼不同的可能性，潛藏著什麼差異。這樣向上開枝散葉，向下探詢各種脈絡的方式，是我們建構時的想像歷程。

無論分析師是多麼愛他的病人，討厭或恐懼的感覺是無法避免的，他愈能辨識與理解這些感受，愈不會成爲他以恨與恐懼來對待病人的決定性動機，這樣的心智狀態能爲他的分析工作提供積極的設置架構，也是分析師個人的認同機制

和發展傾向。反移情感受的異常（Abnormality）是受到分析師心裡潛抑的關係和認同所影響。在潛伏期，反思心智狀態的能力仍然是脆弱的，取決於父母在危機時期的反思功能。當沒有可以涵容與改變孩子經驗的父母時，孩子潛在的反思空間就會崩解，讓孩子無法區分內在現實和外在現實。《心中的小星星》帶出了循序漸進的養育觀點，知識不是用來互相砍殺的工具，不是操控人性的法術，而是理解心靈的途徑。佛洛姆在《愛的藝術》提到天真的、孩童式的愛遵循下列原則：「我愛，因為我被人愛。」這樣不成熟的、幼稚的愛是：「我愛你，因為我需要你。」而成熟的愛是：「我需要你，因為我愛你。」如何從不成熟或說原始狀態走向成熟，相較於說愛是與生俱來的一種本能，在這裡我們也看見愛是需要通過後天習得的能力。愛是一種態度，一種性格傾向，也展現在一個人與整個世界的關係，而不是只愛一個人，只單一展現在與一個「愛的對象」的關係。如果一個人只愛一個人，而對其他人漠不關心，他的愛就不是愛，而是一種共生性依戀或者是一種放大的自我主義。

　　客觀的反移情是分析師對病人實際性格和行為所產生的愛和恨的反應，分析師的主要任務，是對病人帶來的一切保持客觀，而其中的一個特殊情況是分析師能夠客觀地去恨

病人：分析師的恨通常是潛伏的而且容易一直這樣。在對精神病患的分析中，分析師冒著更大的壓力，讓他的恨潛伏起來，而他只能在完全意識到這一點的情況下做到這一切。在一些分析的某些特定階段分析師的恨事實上會被病人搜尋，而這個時候需要的是客觀的恨。如果病人尋找客觀的或者合理的恨，他必須是可以觸及到的，否則他就無法感受到他能觸到客觀的愛。潛伏期中的伊翔與父母之間的愛與恨，和這裡引用破裂家庭孩子或者沒有父母的孩子的案例也許是貼切的。孩子無意識地花費時間去尋找內在父母，而被收養的孩子更是生出希望，徹底考驗他所處的環境，並且尋找他的監護人有能力去客觀的恨的證據。內在的整體性需要我們好好去參透在相信自己被恨之後，才能相信自己被愛的箇中滋味了。

參考資料

1. Winnicott, D. W. (1949). Hate in the counter-transference. The International Journal of Psychoanalysis, 30, 69–74.

2. Winnicott, D. W. (1965). "Ego distortion in terms of true and false self". The Maturational Process and the Facilitating

Environment: Studies in the Theory of Emotional Development
(New York: International Universities Press, Inc): 140–157.

3. 朱恩伶（譯）（2009）。遊戲與現實。臺北市：心靈
   工坊。(Donald W. Winnicott, 1971)

4. 歌詞《心中的小星星》https://m.xuite.net/blog/
   wu173343233/wretch/112932943

5. NETFLIX_《心中的小星星》
   https://zh.wikipedia.org/wiki/%E6%BD%9B%E4%BC%8F%
   E6%9C%9F_(%E6%80%A7%E5%BF%83%E7%90%86%E7%
   99%BC%E5%B1%95)

6. 佛洛姆：《愛的藝術》，臺北志文新潮文庫，85 年

【講員簡介】

劉玉文

諮商心理師

看見心理諮商所　治療師

企業／學校／社福機構 特約心理師及身心健康講座、藝療淨化工作坊　講師

臺灣精神分析學會會員

聯絡方式：backtolove99@gmail.com

潛伏期和正負之間（negative和positive）
VS《囧男孩》
陳建佑

大人可以賴皮，小孩只能說謊
「一加一不等於二，負負不會得正，
長大不等於說再見
慢一點，讓童年的勇氣追上你」
（電影《囧男孩》）

在《囧男孩》劇中主角一號和二號的眼中，大人很常是愛騙人的，他們甚至在白日夢裡，想像大人們像是吹笛人故事中的老鼠，跟著垃圾車的音樂響起，全都被丟掉。像二號幻想中，銅像學長拿著樓梯走下來，是因為校長不發薪水，以及二號聽到玩具店老闆訂規則時的反應「有什麼了不起，全都是在騙人的，這麼小顆扭蛋，不可能轉出這麼大隻的卡達天王」，然而真的扭到後，老闆說新的卡達天王兩星期後才來，到時候再來換，或者三千塊跟他們買，卻在一號要贖

回卡達天王時表示，得要四千塊才能換。

「大人都愛賴皮」一號這麼說；從用詞來想像，大人已經有層皮可以賴了，但小孩還沒有；也像在說，孩子發展到後來，精神裝置（psychic apparatus）也會長出足以應付謊言引起的反應的皮。像是二號問叔叔答應的卡達天王在哪裡的時候，他說的「等一下啦、等一下叔叔拿給你」猶如一種機制，好像卡達天王真的存在於這個回應裡，在這個片刻，謊言具有實現的能力，用語言暫緩自己食言的現實被發現，並且拒認這一部分的自己。然而在被自己的母親戳破「你們都這樣啦，會生不會養。」喊著「現在就是這樣啦！不然要怎麼辦？你就是比較偏心啦！」則使用了另一種皮，好像媽媽才是應該要承擔這一切的人，否則就是歪心鬼。

但是對於沒有媽媽、被學校老師取名叫騙子一號和騙子二號，沒有名字的一號和二號來說，賴皮的皮要如何長出來？在叔叔說要來接妹妹，順便帶他們去動物園，再次食言後，二號的奶奶說「笨蛋才相信你叔叔啦，你們這些小孩，都是沒人要的。」此時奶奶不再四處喊著「你們都有聽到喔，這是王府千歲說的，妹妹屬虎，五歲前絕對不能住家裡，不然會犯沖啦！這是王府千歲說的！這是王府千歲說的！不是我亂編的。」這樣交由王府千歲來說謊，接下照顧

孫女的責任，已經成為當初她在喊著這些話的同時，二號用腳推著堂妹坐著的嬰兒推車說的故事中「變成各式各樣的人去吃小孩子，她是一個壞心眼的老太婆，專門吃小孩的手指頭，還有眼睛鼻子和小耳朵。而且她都不給小孩子錢，所以大家都叫她虎姑婆。」此時奶奶也無法幫二號撐一層皮，更像是任由可怕的外在現實闖入破壞的虎姑婆。

兩人在沒辦法去動物園之後，跑到沙洲上對著海大喊賴皮鬼，一號的爸爸也喊了起來。一號說「幹嘛跟他們計較那麼多，反正大人本來就都是賴皮鬼啊。除了我爸爸之外，他以前常常賴皮，可是現在不會了」鏡頭轉向了拿著破傘的一號爸爸，這個鄰居口中的「精神狀況有問題的人」，難道失去賴皮的大人，會變成這樣？要如何長大，才不會長出賴皮的皮，而是可以孵出小雞的堅固蛋殼？

母親予嬰兒的錯覺

「聽說那個樂園，每年都有好幾個小孩莫名其妙地失蹤，那個恐怖的滑道好多次都讓小孩滑太快，然後飛出去。那些失蹤的小孩，他們去哪裡了？他們都去異次元了，那個樂園是通往異次元的神祕通道，只要你滑到第一百次，滑道

就會自動感應，在你滑得最快、彈得最高的時候，讓你飛到
異次元去！」

「他們真的到異次元了嗎？」

「真的。而且再也不會有人來找你，來煩你。」

「為什麼？」

「因為去了異次元以後，大家都會把你忘記！」

「那這樣，去異次元，到底有什麼好的嘛。」

「只要去過異次元，就可以一下子變成大人了啊！」

「那……我們去了還可以再回來嗎？」

「變成大人就不用當小孩啦，就一直活在大人的世界裡
面。我告訴你喔，異次元的人都不用寫功課，那裡的人都騎
大象，而且長翅膀耶！你……不想去嗎？」

（電影《囧男孩》）

　　次元表示的是維度或者獨立空間，例如一維空間是指僅
由一個要素構成的空間[1]，在一條線上左右移動，而二維空
間則多了另一個方向的線，因此活動的空間變成了平面。我
們都明白，這是嘗試往前後、左右、上下移動再久也無法到
一個人人都長翅膀、騎大象的地方——光是在我們的記憶與
思考的眼見為憑中，就足以認定的事。這像在說我們的思考

可以構成第四種維度或獨立空間（儘管與數學物理定義的維度不同），而我們和這些話的主人是在不同的次元。

不再嘗試從方向而是從思考走進「異次元」，我們可以回到思考形成的初始、猶如這個次元在大爆炸形成宇宙的當下，嬰兒是如何透過母親建構屬於他自己的獨立思考空間。在〈Negation〉這篇文章裡，Freud 說，自我在發展的過程中，會定期發散少量的灌注（cathexis）於感知系統，透過這個對外界刺激試探性的取樣得到一些進展後，它會再撤回，判斷什麼是好的就吞進來，壞的就留在外頭。也像是在心理治療會談中，詮釋如同餵養，可以帶來更多認識外在現實的種種想法，修通則像是咀嚼、反芻再咀嚼；透過健全的自我接受刺激地吞一些，或吐出一些，這樣的擺盪過程經歷時間，自我便能逐漸變得強壯。

Freud 認為這種從生物體內產生（感官）刺激並影響思維的過程，在思維心靈中的浮現（再現，representation），稱之為驅力（drive），也可以說是精神（psyche）與身體（soma）連結後，思維的運作過程產生的需求。這個基本假設有兩個步驟：將身體的感官興奮轉為精神的再現物（psychic representatives）像是聽到雞腿這兩個字，在腦中浮現雞腿的圖像、味覺或嗅覺等記憶；第

二步則是思維必須將這種與他既有的再現溝通過程中，所遭遇的挫折情況轉化掉[5]：意思是，每個感官不僅然會與第一種被記得的一模一樣，卻又活生生地不斷襲來，面對這種既熟悉又陌生的感覺，思維得承受猶如第一次從感官那裡得到刺激，並且形成再現的艱難，以持續與外在現實溝通。我們假設這個第一次，是嬰兒來到世上，初嘗乳汁的感受，然而這種感官與精神裝置都未成熟的狀態，將會讓這個真實染上不真實的錯覺、甚至幻覺的色彩。

在 Winnicott 的描述中，嬰兒的自我在尚未形成以前，母親可以提供以下這兩種功能：身體上的照顧，以及協助在他感受立即的本能經驗時的命名；讓那些一片片被拼起來的命名與經驗，搭起一座橋樑，從真實世界的感官經驗到內在世界的情感經驗，藉此建立整合的自我功能與客體的概念——這裡體現了母親功能，抱持（holding）的重要；在這之中母親的自我可以完全為嬰兒所用，這是生命早期最美好的幻想。但真實世界是不可能存在完美不間斷的母親功能，嬰兒在面對媽媽暫別的時間，需要有其他物體代替，並再現母親的抱持功能，這個是由嬰兒的內在世界創造的，但又具有真實世界物體特質的過渡客體；除了可以滿足、欲望或幻想，它也提供了非我（not me）的概念，就像是不同

次元形成的前身，而它也是嬰兒內攝（introjection）了照顧者抱持能力以建立的框架結構（framing structure），象徵著母親的臂膀[3]。自我在發展的過程，無可避免地在遭遇前面 Freud 描述的挫折時，會懷疑初次對於乳房這個物體呈現的處理與再現的真偽，猶如一次次懷疑「是否之前我所經驗的是錯覺？」，而內在建立的良好結構，或許能支撐自我在這一路上，走過這種恆常的挫折。

錯覺不小心成了謊言

在試圖描述這個一次次修正與貼近真實的過程，像是在觀看星空時，知道每座星座有著自己的名字，但是這些星座的每顆星星都是藏身在眾多的銀河星星群裡，在沒有光害的環境，更是多得嚇人。面對各種再現的可能，像是無窮盡的星星，我們要如何依著口語表達的指示，加上手指的動作來指認出某個星座？而且能在一顆一顆看過之後，能夠有個完整且正確的記憶構成這星座的所有星體？站在地上便是如此困難，若是身處猶如宇宙中的潛意識裡，用描述和手指比劃都是一項重大的挑戰，而這還沒考慮到，不同次元的人看見的可能不是同一個星空。

我們想像，個案在描述他的故事時，省略了眾多他覺得不重要、不需要、或者相反的、太過於受苦的記憶，也因為描述比劃的困難使人難受而索性跳過。為此，佛洛伊德主張精神分析的主要技術是自由聯想：說出腦袋裡浮現的想法，不需判斷是否重要；不過這個不是一個容易依循的指示。在個案的生命故事、從出生到長大到足以無礙地使用語言之間，會發生多少難解的疑惑、那些乍看簡單實則困難的事：今天看見的媽媽笑臉少了，就足以激發無限的可能想像；這些對於外在事件的無窮想像，像是映照一個人心思如滿天星星，而心智發展過程，去辨認、界定問題，並且理解它們，像是形成無數星座的過程。就算有精神分析百年來對於潛意識的努力觀察和想像，但這如同要在佈滿星星的宇宙裡，如各種星座般，找出具有影響力的情結或議題，仍是一個有趣且需探討的問題。

讓我們從一顆蛋作為最亮的星星開始找起：二號總喜歡躲在桌底下拿手電筒照著雞蛋，在等哪天裡面會孵出小雞。然而一直等下去，小雞也可能不會孵出來，甚至是我們會思量那根本是未受精卵，因而小雞其實不曾存在？

對於佛洛伊德來說，驅力是心理活動的根源，這意味

著有什麼基本上是過剩的，是思維的過載，與驅力的身體緊急情況有關，這些驅力的衍生物必須被送回潛意識，放任它們自由拓展會癱瘓精神結構；這就是在自我在意識層面的構建中發生的事情。（Freud, S. (1915). Instincts and their vicissitudes. S.E. 14.）

而嬰兒置身於眾多驅力如無垠星空時，若缺乏可被使用的雙親，給予抱持的環境、協助他形成框架結構來開始描繪自己的星座，使得他得面臨不受控的挫折，可能會以兩種方式呈現：一種是對客體壞的感覺，伴隨攻擊如哭泣、尖叫、激躁或混亂行為[3]；另一種則是格林指出的——嬰兒對母性客體大量退灌注（de-cathexis）——死亡作為核心的情節，破壞他對生命連續性和活力的感覺。這個對抑鬱母親的負向認同、對她的空虛的內化，以及母親在情感上從孩子身上抽離，導致他以再現歷程的退灌注作為防衛手段，所引起的空白[4]。此處負向認同之中的負的概念存在精神分析的基本假設，例如潛意識的潛（un-）必須要有意識作為其正（positive），也像是 Freud 描述，關於本我（Id）近乎所有的認識，是自我（ego）比較之下的負（negative）[2]。Green 描述的這種情節，正因不具有再現的功能，只能在精

神分析的治療過程中，透過許多此時此刻的正，來發現過往
壞的——對立於正的、亦即好的客體，或者象徵著挫折導致
退灌注以前所擁有的，充滿活力的再現與詮釋——存在於負
裡面。

　　在診療室的關係，若是映照著如此原始的母嬰關係，
在個案把客體做為過渡客體使用，處在「我」與「非我」
之間時，屬於自我的「真實客體的概念」，藏在無人觀看、
未有星座描繪的星空潛意識，也像是仍藏在石頭裡的雕像：
那個「屬於我的」藏在過渡客體／非我之中；或者說，客體
是「我」的負（The object is here defined as a negative
of me）。主體透過乳房與嘴唇、擁抱與皮膚等等，有真實
客體——身體的一部分、或者思考的一部分——涉入其中，
一次次讓主體感覺真實的經驗所帶來的再現的歷程／從星空
中畫出星座，也像是使用一種色彩開始、到互相交疊而成別
的色彩，再試著讓色彩有形狀與邊界，畫出一隻手；這些非
我的經驗與思考，疊出越來越多主體與客體之間的空間，讓
主體得到「自我的概念」，然後在此刻經驗到的負，才能使
雙方分開，這裡的悖論是「在真實世界的分離，才有可能
促使在精神世界的重聚（… not only in the actual space
that separates them, but in the potential space of their

reunion after their separation.）³。」

在謊言與耳朵之間，或許也存在這樣的過渡空間：說謊者（而非騙子）未曾真心想要說謊，只是真實如太陽一般，距離他們的心智還很遙遠，太靠近就會灼燒身亡；要描述這種在意識／潛意識次元裡的遙遠，並非以幾公里、幾光年計量，更貼切的是概念是否現形。說謊者讓自己處在精巧的狀態，謊言可以讓意識擁有真實的「感受」，而「真實」則處在那種感受的負性幻覺（negative hallucination）裡頭，像退灌注的客體一樣以「無」的方式存在著——只要不打破蛋，小雞就存在其中；這種空白的等待，在意識上沒有接受的死亡（或說不存在），也或許是在等待蛋被摔破，小雞才因此死掉的那一刻。

白日夢裡謊言的負、幻覺的負

上述發展健全的框架結構可以忍受母親再現的缺席、面對驅力尋求滿足的壓力²，因為它本身對於精神空間的抱持——如Bion涵容（container）的概念——只要這個框架結構抱持思維，心智功能未被癱瘓，負向幻覺便能被幻覺式的願望滿足（wish hallucinatory fulfilment）或幻想取代

³。想像上述的謊言創造了一個空間，在裡面聽著謊言的客體則認同謊言是真實的，而真實被負的工作（the work of negative）從意識中移除；在這個一兩句話的空間裡，創造了對於世界或者客體的幻想，巧妙地使用了真實客體的耳朵，而非客體感知到的現實或經驗，製造了非我的、不會戳破謊言的過渡客體。Green 認為，這些在精神運作的基礎下，被移置到潛意識的「負（negative）」，像是前述的謊言中，客體隱身於負向幻覺（negative hallucination）之中，不僅是正常的，而且還是心理發展的先決條件。

對說謊者而言，獨立於思考的真實是不存在的；思考對於謊言總是必要的，兩者無法分離⁶。謊像是夾縫中的生物，寄生在真實與思維中間，它既需要思維的運作才能產生，又只能是真實的對立。謊言在此再現的，是這個主體未能觸碰因此沒有語言的真實；這個積極行為的對立處，透過負片的方式，映照了孩子心中，母親的臂膀未能足夠久留，因而沒能形成穩固的框架結構，各種負向之物，難以經幻覺式滿足或幻想，成為正向存在的事物再現或語言再現。

二號幫鄰居送奠儀到林品萱的家中，一對男女的紙紮人取名肯尼和芭比配旁白「讓我們相親相愛吧！來親一個！哈哈哈哈哈！」但是在出電梯後，二號聽到聲音一直問「喂？

你是誰？」「別吵啦，我是死人啦！」按了電鈴後，衝回電梯間的途中，不斷聽到聲音喊著「我是死人！別吵！死人！死人！」

　　幻覺的現象，是說明主體面對失去客體灌注的反應；創造出的幻覺，可以讓這個失去目標的灌注再次得到方向。這裡的幻覺並非等同於失去的客體，而是具有某些特質，讓力比多可以再次作用。正性幻覺（positive hallucination）是充滿素材、活靈活現地明指暗喻著失去客體灌注的情狀。走入林艾莉的次元遇到的幻覺經驗，說明母親及死亡等素材，可能會與二號內在世界的失落與重新灌注有關；相較之下，負性幻覺的「無」指的不是客體本來存在，但後來消失了，而是連存在都無從感知的「無物（no thing）」。因為原始心智發展遭受過多的挫折──最常見的是客體缺席過久的災難，使得上述應該要被逐漸內攝的框架結構（framing structure），染上了毀滅性的色彩，即使客體重新在場，也未能治癒這種影響；「不存在」取代了客體的存在，紮根於思維中，而客體缺席之前的再現內容被原始的心智完全抹除，本來應該存在母親臂膀抱持的空間，出現了一個空白的洞，在治療中逐步發現以前，是無可逆轉的。

　　缺席意味著在場的希望，這種失去是可能被哀悼的；

然而這種負的不可得，是與客體過久的缺席有關，導致心智中再現能力的消逝，這也可以看作潛意識負片的再現，亦即「失去再現的再現」。這個再現，會以各種形式展現自己：負的幻覺、空洞、空白、無意義感。認同，在某些情形下，是客體關係的對立。明確地說，正向的客體關係是基於驅力的欲望或實質的接觸，相反地，維持距離，只與思維中建立的——對於失落的認同——這個關係接觸，是負的關係[3]。

　　孩子在蒐集足夠多的色彩與線條的樣式，來描繪母親的手以前，就只能留下那隻空白的手；以為在更多的色彩與欲望衝動之中可以真正找到那隻手，但未曾現身的，其真實樣貌就只能是「未曾現身」，前述的非行（delinquency），在潛意識中成了維持它的負向存在的意圖：越是努力，就越能留在原地。主體被固定於這種侵略性但負向穩定（總是在場）的惡性客體。如 Winnicott 在《遊戲與現實》一書的個案感受的「不存在的他比眼前的你更真實（The negative of him is more real than you.）[4]。」

負親（以及其中的母親）

　　被龍捲風吹走的人都失蹤了，一號覺得他們應該都去了

異次元，因此他們開始蒐集十台大的電風扇，這是他們第一次的嘗試，做一個超大龍捲風去異次元。在邀請林艾莉一起走入一號的次元時，二號說：

「你爲什麼一直那樣笑啊？你媽媽死了，你還一直那樣笑，眞的很像貞子欸。你沒有媽媽了對不對？我都知道，你沒有媽媽了對不對？」

他發現她的微笑消失了，這與過往不斷重複的他人的怒罵不同，彷彿踏入另一個次元般，他暫時離開了謊話，感到罪疚；而在三個人打開了十台電風扇，脖子上圍著衛生紙，卡達號太空船要前往異次元了，他們開始向老師、同學、阿嬤說拜拜……還有一句「媽媽再見！」。這個再見帶來了林艾莉的卡片上寫的「只要記得微笑，就不會害怕了。PS.我媽媽教的」，象徵著林艾莉的母親，給予她的框架結構，作爲我們想像一號和二號兩人不存在的母親的正片。

在精神分析的架構下，當個案描述他的故事時，其表達方式和內容都會受到個案對於治療師潛在移情的影響；若我們僅是從這些故事裡，找出某種情結、或主張那是源於個案生命早年的經驗，其實是某種程度地把移情因素略隱在背景裡，或者說，潛意識地默許移情一直以來在負的位置。我們總是習慣在一開始聆聽故事裡不斷重複的議題與症狀，並思

考這些與當下的問題有怎樣的關聯，但那些在背景的負片，終須透過治療師致力於前述神遊（reverie）的能力，把它們帶到前景中。

法國歐陸哲學家莫里斯‧布朗肖（Maurice Blanchot）認為「答案是問題的厄運（La réponse est le malheur de la question；The answer is the misfortune of the question）。」過於肯定的答案、對於話語過於武斷的詮釋，雖然連結了彼此之間的概念，但負的工作在分析師傾聽過程中是核心：在潛前意識記憶的潛伏中（可能對所有時間段的記憶開放），解除對故事的顯意內容意圖的聯結（un-binding）。負的想法，在精神分析設置下的語言本身的定義中、在「分析的話語反哀悼（un-mourn）語言」的陳述可見一斑。患者在移情中的言語表達產生了一種被壓抑的再現的過度宣洩，這救贖了黑格爾的格言「話語是事物的死亡」[4]。哭泣，謊言是要被看成欺騙、輕蔑或攻擊，還是可以被當作溝通的意圖，取決於聽見的人。

我以謊言，來想像劇中母親的缺席，然而這種語言，是實在地存有的，它攜帶「未能實現」的潛台詞，呈現為謊言，被一次次錯認為不存在、使人厭惡的。一開始二號違反約定把50元花在轉蛋上，但是在一號無法拿回卡達天王，

而被二號投射爲說謊、賴皮的原始母親時，爲了不讓二號失望，前者展現了有對象的非行——但不再只是以往圍繞著內在興奮打轉的惡作劇，而是朝向二號這個外在客體，打破了卡達天王外面的玻璃罩子，把這個原本就屬於二號的客體拉了出來，也像是打破了作爲掩蓋潛伏期的各種活躍的小惡作劇——不是等到二號說的，存到一千塊時已經坐輪椅，但仍然不是大人——露出底下潛伏的，未曾現身的客體關係。

分析師的聆聽，先決條件是理解顯意；接下來，則是想像話語：不只是想像它，還包括想像的維度在理解的分鏡中，以不同的方式解釋這種話語中隱含的東西，或者說，去理解「幻想及情感經驗，與理性邏輯的規則」這兩者交織互動的過程。下一步，分析師透過喚起其他治療片段，解構（unbind）這個連結的線性順序：最近一個（或許在上一次的治療中提到的）沒那麼近期的幾個月前，以及更早以前的（例如在剛開始分析時的夢境）。分析師必須是分析歷史的檔案管理員，從他的前意識記憶搜尋紀錄，爲此，他會在思維中時時刻刻召喚那些聯想。這種「連結—解連結—再連結」的過程，是分析師神遊能力的背景[4]。連結的能力，在這樣的概念下，也從一開始主體間，例如嬰兒與母親的連結，轉爲內在連結，或說就是內在心智的連結，可以在連結

不同元素，以建立一個可被思維所用的訊號的系統[2]。一號二號曾一起用謊言這個潛意識的原始語言，生活與幻想得多采多姿，在這些豐富的正的對立處，像是在潛意識中保留母親形象般，在其中替自己黯淡空白的負，以及未能找到出口的僵局，試圖在真實世界與他人的互動中找尋解答：我能否不恨她，我能否愛她？

電影宣傳副標題「一加一不等於二，負負不會得正，長大不等於說再見。慢一點，讓童年的勇氣追上你」像在闡述長大過程的種種不確定，在自己的次元以為的定律，很容易在別的次元被推翻，但若是有勇氣，也不必然就要說再見。在踏出自己的次元，接觸潛意識世界如同陌生的外在真實之前，只有未知是肯定的；Bion 使用 O 這個符號來意指不可能被意識心智完全認識，而能被經驗的與「我」有關的最深之境，O 代表那種未知。面對 O 的情緒反應，很難被明確言說的原因：一旦說了，就離開它們的領域了，而這個離開的思想，猶如原本之物的死亡。這些話語需要被說的原因，就像一號二號需要的說話與行動，除了顯意以外，也像在幫助自己在「這種與我有關的深處」忍耐不確定的感受。畢竟，對立於寄生在真實與思考的謊言，就真實而言，它不需要任何表述，因為它不需要被心智所思想；它也不需要特

定的思想者，它是本自俱足的。從任何面向強調思想者的獨特性會使眞實成爲其從屬，這是不可能的。眞實是無聲、無想、睡無夢、死亡[6]。

　　不執意弄清楚以及掌控一切，僅是試圖在那個邊緣停留，像釣魚般等待自己駕駛的自由聯想的船，撞到等待思考者的思想。或許哪一天，這樣的「無」藉由逐漸養成的負向能力（negative capability，卽身處於不確定性、神祕、懷疑仍不感煩躁地追尋事實的能力），在紛亂雜沓的概念中，感受「有什麼不在」的眞實，說謊者才發現自己在說謊，謊言便不再定義人，如同眞實不說自明、本自俱足。在那之前，找尋一加一、負負得幾的答案，如同流浪，其實是爲了發現：這些故事、答案與話語，猶如史前時代的原始人在洞穴上，用色彩的邊界畫出一隻沒有顏色的手，是爲了描繪、拼湊因爲 psyche "一" soma 沒能連結在一起、未曾現身的負；潛伏期在外流浪，其中一個目的是在找尋這個潛伏在心裡的衝突，非爲再次壓抑或毀滅，像是逃離伊底帕斯的衝突，並非爲了殺死父親或被父親殺死，而是讓與客體的眞實關係從潛伏縫隙中正轉現身，成爲一個幻想，一個可以再現的事物。psyche和soma連結起來的整合，不再使用mind的方式試圖得到一個「可以被mind確實理解的」故事，而

是「可以神遊於各種」故事的負向能力。

「你看到了沒？」「我看到了！」這或許是我們可以既是大人又是小孩的方式，替自己的內在感受圍一個節制的圈，試圖不讓太多理智與邏輯的答案涉足，僅僅是等待與臣服——為了不讓最為原始、無法言說的自己死去；生命早年很可能「不小心」消失於有型有體的言語之外的那些，將不再只是強迫性重複的再現。Alpha 功能的第一個成就，就是使用注意力並允許概念的形成，即是保存情緒經驗，註記其意義。也像是哀悼的過程，是在每次一點點地接受跟失落有關的挫折後，更熟悉挫折的感受、讓心靈活下來而能透過事後作用來校正過往相關的經驗，讓失落從非常具體的毀滅，過渡到毀滅的「感受」。這漫長的過程，像是一號說，一百次從滑水道衝下，一百次跟各種客體道別，從失落的客體或者失落本身被當成客體的模式中，不再緊緊抓著客體，而是內攝了這個客體所象徵的潛意識內容。

如今這個問題已轉換到了正片，一號和二號在彼此身上看見了自己的負，浮現而出的是對於自己與母親，或者說，自己對於抱持自己內在世界能力的發現；這仰賴潛伏期的流浪途中，內攝了來自真實客體協助理解的養分、鏡像的回應、或者培養孤獨能力的那種同在。在劇末，一號被社福

機構帶走時，跟父親說「長大後會回來看你喔。」也像是離開與二號一同使用的謊言「變成大人就不能再回來了。」之後，重新建立的新連結。二號要一號的父親打電話給他在夏威夷的媽媽，這個再次踏入謊言的領域之中，這通電話彷彿是發現這個負之中，逐漸滲入他們在彼此如真似幻的生命階段裡真正存活過的情感經驗，因而不再是未能現身的負片——儘管這種經驗在負的破口裡，勾出來的是未曾現身的分離——被轉換成語言，從一號的父親口中說出「痛」，讓二號可以獨自一人走上幻想與現實交界的滑水道，在那裡長大。

References

1. 維基百科。四維空間https://zh.wikipedia.org/wiki/%E5%9B%9B%E7%BB%B4%E7%A9%BA%E9%97%B4

2. Green, A. (1998). The Primordial Mind and the Work of the Negative.

3. Green, A. (1997). The Intuition Of The Negative In Playing And Reality.

4. Urribarri, F (2018). The negative and its vicissitudes: a new

contemporary paradigm for psychoanalysis. André Green Revisited, Representation and the Work of the Negative. Routledge.

5. Freud, S. (1933). New Introductory Lectures on Psycho-Analysis. S.E. 22.

6. Green, A. (1973). On Negative Capability.

【講員簡介】

陳建佑

精神科專科醫師
臺灣精神分析學會會員
精神分析取向心理治療師
高雄市佳欣診所醫師
聯絡方式：psytjyc135@gmail.com

潛伏期和無可確知的O（unknown O）
VS《靈異第六感》
蔡榮裕

　　以電影裡一位六歲小男孩，面對自己有著超能力，卻難以讓他人了解他的處境下，所展現的心理戲碼。首先，相對於更小的時候，這年紀可以有更好的語言表達能力，但是相對於隨後的青春期，有更好的語言能力卻是行動化更多的情況，這位在潛伏期階段的小男孩的反應，正好讓我可以透過他的反應做基礎，搭配精神分析的某些理念，尤其是我要說明的比昂（Bion）的「O」的概念，來建構潛伏期可能是什麼？以及衍生出來的其它心理意義？理論在診療室裡自然也都搭配著相關的技術，如何說或不說，以及在說或不說之外，另有其它的內在客體關係，如何形成了潛伏期裡的特色？

　　一般都以死掉了、暗的、是具有破壞力，或潛意識領域也被當做是暗黑地帶，會讓我們做出不知道為什麼那麼做的行為舉止？只能事後再來補充，想像那可能是什麼？雖然

一般是覺得那些事後的想法，是自己早就存在的動機，用來解釋讓自己和他人納悶的那些行為。

　　今天我想要以理論和電影，兩者交錯擦身而過的方式，來進行我個人對於潛伏期的探索。我們相互分工，每個人分配到不同的概念和電影做為工具，我採用的工具是比昂的O的概念，以及電影《靈異第六感》，我會採取電影、理論和其它臨床經驗，相互交錯比對的方式來探索潛伏期。

　　電影中的小男孩柯爾，是我們定義中的潛伏期的小孩，但是我們無法說他此刻的所有行為，都是專屬於潛伏期的舉止，因為也可能某些在心理發展上，是停留在生命更早年的經驗裡。甚至小男孩對於自己困惑的人生謎題，應對方式可能仍持續，不過就是採樣般運用電影中的片斷訊息，來探索我們想像中的潛伏期，因為預設著希望可以帶著各位，和我們一起在這領域裡摸索和想像。

電影概述

　　在槍聲後畫面漸漸黑暗，再亮起來的時候，已是第二年秋天了。

　　「有時你會有種感覺，好像墜入萬丈深淵，其實你根本

動也沒動。」男孩柯爾的痛苦，連最親密的媽媽也無法體會他的受苦。一次他的生日會上，緩緩升起的紅色氣球，吸引了男孩柯爾的眼光，隨著柯爾一步一步逐漸走進閣樓，一個不知名的聲音突然咆哮起來，而未知激發了柯爾的驚恐和好奇，也絞著他受苦的心靈。

在心理師馬康眼裡，男孩柯爾是受著不知名的苦，孤僻且缺乏安全感的孩子，會隨地亂丟東西，引起他人注意，在本子上寫下一些難以理解的話語，內心滿是壓抑的心情，不知如何發洩。通過遊戲、變魔術等方式，馬康讓柯爾放下心理的阻抗，一步步接近柯爾受苦哀傷充滿無助感的內心。只看見這些表面現象和行為，當然無法了解柯爾心理的苦和恐懼，而心理師馬康在結婚紀念日時遲到，妻子的冷漠使他焦慮不安，但他偶然看見妻子服用抗憂鬱藥物，而覺得妻子好像隱瞞著什麼。

其實，男孩柯爾能看見死去的人，擁有「靈異第六感」，眼睛裡總是有著無限哀傷，潛伏期的年紀裡，隱藏著他人難以體會的心思，成為他無法抹除的失落陰影。對於自己的特殊能力，男孩柯爾選擇逃避恐懼，遮住眼睛以「不見」來擺脫恐懼，卻無法阻擋恐懼所衍生的種種，回頭對他心理造成傷害。男孩柯爾選擇不相信任何人，包括不相信要

幫助他的心理師。能看見他人無法看見的事物，卻讓柯爾生活在極度封閉的世界，好像如果開放自己，那些別人看不見的東西就會淹沒他人。

男孩柯爾個性孤僻，他人眼中的怪胎，他獨來獨往，並在受到驚嚇後，只能從教堂偷拿的雕像得到安慰。我對電影的描繪集中，在潛伏期裡的男孩柯爾，由他的能力和驚恐，來談論潛伏期裡，和比昂的O的關聯，有什麼值得我們來想像的？

主要論點

為了有限時間裡，能夠聚焦說明主題，我先說本文的結論，再來剖析這個結論得以形成的細節。

潛伏期小孩柯爾對未知的能力的恐懼（可以看見死亡是什麼模樣），相對比於比昂對於未知的O的探索，也是以令人恐懼的角度出發。這也反映著人性的恐懼，是需要推衍得如此深沈，才能讓我們了解恐懼是什麼？如果從影響男孩的心理，並讓他心理可以稍平穩下來，而幫上他忙的是兩項東西。我覺電影裡立體化了這兩項，做為慰藉淨化心理，進而改變人心的具體化，是很玄妙卻是真實。那就是男孩從教堂

偷來的一些雕像，和已死去的心理師。

　　對男孩來說，都是能夠催動心理改變的力量，都是內心世界的一部分，也許可以以「教堂的雕像」和「死去的心理師」，都是活生生的代表著原始的力量，它們是不動的，死的，卻是催動心理改變動力的起點。雖然就深度心理學來說，我們仍無法說，男孩心理深處改變的細節和流程，而電影中的關係和技巧也只是表相而已，更深層的心理仍是待發展。也許比昂對於未知，以O來做為探索的起點，也是終點，是個值得冒險在未知裡走一遭的經驗。接下來我一步一步來解碼，這段有些難解的想法，是我對於聯結（linking）潛伏期、電影《靈異第六感》裡的男孩、和比昂的O的想法的結晶。

　　青春期的男孩會如何呢？這些心理感受是潛伏期小孩所必然經歷過的心理路途？一條默默前進的心理路？如果更早的年紀，無法表達也無從知道，是否經歷這種超能力？而直到青春期才另改它途，走著身體炫動活躍的青春日子，也就是這部電影裡潛伏期男孩柯爾的劇情，除了湊巧的選定年紀外，是否有著某種必然的心思，在這個年紀裡潛行著？在能語言和說不出口之間，擺盪著如同鬼魅的飄浮難以捕捉，而潛伏期的語言和心思能力，正巧默默潛行著這些心理難題和

找到解決之道。

這電影是意味著，找到創意走出潛伏期的過程，也鋪陳了讓青春期的身體準備大展身手的生命階段，是否也意味著對於剛經歷過這場驚險恐怖，卻無聲息的潛伏期，這些驚險恐怖是否只是如電影中的男孩柯爾，有著「特殊能力」而帶來的困擾嗎？或者我們假設，這部電影裡的「特殊能力」事例只是其中之一，生命過程裡會路過某些難以說出口的困局，是否比後來記得的還要更多？畢竟身在外在環境，以及內在的本能隨著時間而不斷滋長，這些內、外在因素，對於任何人可能都會是有著「特殊能力」般的經驗，會帶來困惑難解的習題，而那是否就是比昂以「無名的恐懼」（nameless terror）想要標示的，那些「特殊能力」生命經驗？

只是大部分人可能都是在內在心理機制裡，默默運作下安靜地走過了，如同潛伏期的兒童的能力和侷限，也是靜靜地完成了不少心理工作？《靈異第六感》也許可以當做是，把這個過程的某個生命片斷，加上放大注視，而讓我們看見了，在潛伏期裡默默的心理工作？而主要發揮功用的兩個角色是，從教堂偷來的雕像，另一是死掉的心理師？如果無法好好靜默地心理工作而失敗者，則是陷在更大的人生僵

局裡，只是本文以假設，大部分人是度過了這個默默的險惡階段，讓身體發育更壯大的春青期來前，讓這些內心世界裡「無名的恐懼」得以先有了初步的處理？

　　這部電影巧妙地以倒敍手法，直到最後一刻，心理師馬康才發現自己已經死亡一段時間了，雖然他一直在幫助小孩，希望男孩柯爾和媽媽可以和解，直到最後，觀眾才一起跟著心理師馬康恍然大悟，不得不誇讚導演對於懸疑片的厲害處理方式。

　　也許可以想像，在心理上，有多少人生裡的經驗和想法，都是歷經這樣的過程，後來發現那些想法和經驗，是早已死去多年了，卻以某種活生生的方式，影響甚至左右著我們的日常生活？只是後來是發現了它們的存在，但知道它們已經早就死掉了，這種發現會對我們帶來什麼衝擊嗎？除了感嘆人生的造化外，知道死去的經驗仍影響著自己，這在心理意義上會是什麼呢？我們一步一步來談，尤其是一般大都是以死去的是暗黑的，是造成困局的因子，但是以心理師馬康的角色來想像，我們內心裡也有著這種角色存在著，雖然一般來說，常是將死去經驗是和失落空洞相等同，但是否也有著功能可以帶來改變的力量，可以說這是一種內在持續運作中的work of mourning嗎？

影片裡九歲小男孩柯爾的特殊能力，自稱能見到死掉的人，馬康是心理師想要替他治療，卻不被柯爾接受，柯爾長期認定沒有人可以幫助他。在馬康心理師堅持下，柯爾逐漸放下心防，讓心理師了解自己的問題，也慢慢地接受他的建議。但就在問題即將解決的時候，馬康心理師卻在柯爾的引導下發現了自己的祕密。

片中九歲小男孩，有著悲哀深刻的眼神。他說他能看到死者以前的劇照，有在市政公所吊死的冤魂向他哭訴，也有被後母殺害的小女孩托他報仇，而無助地以爲遭妻子拋棄的心理師馬康，通過男孩最後了解生命的殘忍和溫暖的眞相。

或者這是小男孩發現了自己的祕密，那就是自己心中住著已死掉（或者是如潛伏期般的靜默存在）具有如心理師功能的角色，有他的存在讓人們可以安靜地度過潛伏期？因爲內心住著心理師，在他完成協助的功能後即是死亡了，而它的死亡也許可以部分解讀，在潛伏期後的青春期，何以變得如此衝動，生物般的動力，也就是如電影結尾，心中的心理師眞的死了，然後某些人的青春期，開展了行動多於思索的階段？

從臨床經驗來說，這位死去的心理師是帶來生的氣息的內在客體，而在診療室裡也有另一種現象，例如當治療

師無法開放式嘗試了解個案，或者無法思考時，那麼治療師在這場分析治療裡，是早就死掉了，就如同葛林（Andre Green）在文章《死亡母親》所描繪，個案投射早年因憂鬱而如死亡的母親般，即使餵著奶但心不在場，對小孩來說如同死去的人，使得治療師也如同死掉那般，人在場卻是心無法在場，心早就死掉了（也許無力感、無助感、無望感）。我假設，不論如何優秀的分析和治療，這是治療過程無法避免，且必然會出現的情況，而會度過這些情況，的確是需要能在死裡活過來的其他內在客體。

　　我如此說時，這種劇情是否有著貶抑心理治療的用意呢？這是一種觀點，不過這小男孩也是透過心理師的交談和引領，才能找到和媽媽和解的方向。我是如前述的傾向，如果將這位死去卻可以帶來某些療效的心理師，當做是人內心世界的一部分。也許如同Hanna Segal運用克萊因的「憂鬱形勢」（Depressive position），而假設有著某種創造力的存在，讓大部分人可以度過先前因妄想而退縮的心理狀態，有些像小男孩在具有特殊能力，卻總是覺得被誤解，難以跟他人說清楚，所呈現的失落和悲傷，到創意解決的心理過程。

　　這是克萊因想像和推論的，嬰孩的心理世界從原始的妄

想退縮狀態，而慢慢地演進到可以認識生命的眞相，是比昂所說的發現了科學的眞理（scientific truth），是認識到有好有壞的媽媽是同一個人。但是如何說明，人如何從原先的妄想退縮，演進到認識生命的眞相，而帶來對於先前自己的誤解，而感到遺憾和難過，也許心理師馬康可以做爲代表物，象徵這種潛在進行中的痊癒能力？也就是，這種可能被當做自然痊癒的能力，並不是完美的，而是帶著自己的失落（有著生生死死同時存在的能力？）？

小男孩的母親，像大部分母親一樣，難以理解小男孩的特殊能力，心疼他但無奈地決定帶他去看心理師和牧師，目的是要讓小男孩像個一般正常人。有些人以具有「電影感」的驚悚片來稱呼這部電影，雖然所謂「驚悚」，在心理上是個謎樣般的處境，佛洛伊德在《論驚悚》（The Uncanny, 1919）有所描繪。電影的結局的轉折令人驚訝錯愕，使得觀衆試圖以事後回顧方式，再重新理順前面情節和伏線。導演在這種轉折是處理得相當細緻，直到最後的驚訝感時，也覺得對喔就是這樣子。

如果要來形容一般人在診療室，對於以前事件的述說方式，精神分析的觀點是，那是事後（aprecoup）以目前的立場，回想再重新建構對以前事件的新理解，一如我們在

習慣的想法裡，覺得潛伏期是什麼，但此刻卻是覺得，先前認定的潛伏期，有著其它的意義等著去探索。我們就這樣使用後來的不同概念，回想它，希望找出新的意義，在電影裡由於最後發現心理師是死掉的人，但他卻發揮了某些正向作用，也就是潛伏期裡的「潛伏」也許有著，那是沈默著或者如同死寂般的存在。

　　至於在電影裡，能夠看見死去的人，以我們的說法是有通靈的能力，只是我無意跳進難以討論的，「是否有鬼」存在的命題，而是集中在思索這些現象的「心理真實」，有別於「歷史事實」或「物理事實」。

　　我稍說明三者的差異，「歷史事實」是指在生命歷程裡的某個時候發生了某事件，而這事件確實曾經發生；「物理事實」如同一張桌子在眼前，它就是一張具體的物件在那裡；至於「心理真實」，則是指心理感受是真實的事。例如，電影中小男孩的媽媽，覺得當年自己的媽媽是不理會她、不在意她，這是小男孩媽媽心中的「心理真實」，而小男孩後來以超能力讓媽媽知道，當年阿嬤是很在意她的，這是以兩人相信的「歷史事實」，來讓媽媽的「心理真實」得以改變。

　　不過，「歷史事實」的確有時很難於事後確定，是否曾

發生？雖然有些個案是如此確信，但是臨床經驗上是覺得很困難確定，尤其是發生在生命很早年時的事件記憶，因此如電影裡呈現的，那是需要超能力才能再現，而且確定當年歷史上曾真的發生那事件。但是要這樣才能讓「心理真實」改變嗎？難道有改變的人，在心中都曾發生過，這種如超能力般看到或聽到當年的「歷史事實」嗎？

　　或者就算是重新看見或聽見了「歷史事實」，就會如電影中的媽媽改變了「心理真實」嗎？這仍是待探討的課題。至於鬼魂的存在，是以什麼型式存在呢？心理真實或者物理真實呢？也就是小男孩的看見鬼魂，是看見了物理真實嗎？或是看見了某種仍待命名的存在方式，也許這樣假設才能讓，是否有鬼魂存在的科學討論，不會只停在是不是相信的兩種選擇裡。

　　「多麼奇怪的爭論啊！如果我們的『科學』源於嬰兒式的願望，我們必須認識到它只是一種錯覺啊。但是，正是我們的科學方法，使我們能夠研究產生這種錯覺的精神裝置。我們看到，佛洛伊德堅持認為，我們的科學是建立在，對這種產生心智過程的過程——是在裝置（包含錯覺的產生）的本質的關注之上，而不是建立在它的任何具體內容之上。信仰（或信念）與裝置的存在有關，而作為我們的傳統，我們

必須傳遞的知識與我們用來研究這種裝置本身，及其潛意識機制的方法比較有關。這是一種方法的傳遞，而不是信仰的傳遞。（Blass, 2004；Neri, 2005）」（陳瑞君譯，Daniel Widlocher, 2006, Psychic Reality: Belief or Illusion?）

由於精神分析或宗教所要觸及的人性，有可能是重疊的內容，因此要有所不同，就得先在方法學上標示出不同。

我進一步以比昂當初冒著被抨擊的可能性，引進了神祕主義者的論點，來描繪他在臨床經驗裡，逐漸明朗卻難以形容的O，我以他為例來想像，這個鬼神的論點是否有著什麼，可以豐富我們來描繪臨床經驗，例如在《伊底帕斯情結與餓鬼道：精神分析和文學或宗教對話的後設想像》裡，我們引進了佛道教的「餓鬼道」的概念。

「有一種『物自身』（thing-in-itself）是無法被知道的，相對的宗教的神祕宣稱，能夠直接走到神性，並追求和它融合為一，因為這些經驗經常以我覺得有用，並借來使用的那些語詞，我是要這麼做，但是以不同的方式，讓這種借用更接近我的目的。」（Bion, 1970:87）

這種單方面的借用是可能的嗎？難道借用來描繪臨床的實情時，不會把原本借用的語詞的其它意涵也帶進來嗎？一個語詞在它原本的語境脈絡裡，除了他想運用的意義，同

時有著其它的意涵，那麼借用後，能夠把其它的意涵都關在門外嗎？尤其是後來的讀者可能隨著借用的語詞，有著自己的聯想，這對精神分析是好事或壞事呢？例如，這裡所說的「物自身」是什麼意思呢？「thing-in-itself」是借自哲學家康德的概念，在西方也許是生活常識，但對我們來說是哲學專家的術語。我們如何從原文來了解呢？再去閱讀康德哲學，只讀這語詞的定義嗎？或者這語詞的了解需要整個讀通康德呢？

　　然後我們譯爲「物自身」，這離原意有多遠呢？需要我們的其它語詞來說明它，也許大家會覺得這種疑問很無趣，只是在臨床過程裡，其實對於個案所說的內容，就有著這種需要，所以最簡化的說法是，那是一種存在，但我們接觸到「它」（it or id），宗教說是神性，但那是人的神性？這又是什麼意思呢？是基督教、天主教或東正教的神所擁有的神性嗎？那麼不是教徒能了解嗎？我們的佛禪宗能夠和它說上話嗎？

　　「精神分析不僅涉及傾聽潛意識思維的方法，也涉及在潛意識心智中所發現的思想內容。在《夢的解析》（1900），佛洛伊德邀請我們進行分析，以發現夢的另一個領域，以前未被認知的領域。佛洛伊德堅持，傾聽夢的顯性

內容，根據他的方法，就有可能獲得夢的潛意識意義。這與宗教思想家的主張不同，宗教思想家認為，通過他所建議的方式閱讀經文，讀者將能夠看到其隱藏的訊息。當然，在一種情況下，訊息是由一個人（病人，做夢者）提供的，而在另一種情況下，訊息是由書面文本提供的。我們可以輕易地用神祕主義者、先知或宗教教師的話，來代替神聖的經文。那麼，真正的區別就顯現出來了：在宗教的情況下，所討論的內容被認為是作為一種信仰的真理。相反，在臨床情況下，我們不需要認為對方所說的是真的，而需要承認它是一個現實（reality），是被視為精神現實以顯明內容的方式表達出來。」（陳瑞君譯，Daniel Widlocher, 2006, Psychic Reality: Belief or Illusion?）

「做為尚未發生的，和還未被捕捉到的O，是難以用語言表達的，它是一種先驗的真實（transcendent reality），處身在錯覺（illusion）的布幕後方。或者更好的說法是，它既是內在的，也是外在的真實，我們是透過錯覺的影子和它們接觸，它們像投射在銀幕上的影子。這種真實既在人格的內部，也在外部，既是意識，也是潛意識，因此潛意識並不等於O……當古典精神分析把潛意識當做主要焦點時，（比昂

的想法）構成了一種移轉，潛意識矛盾的解決，並不保證個案會和O有更多的接觸。」（Rudi, Reading Bion, 頁153）

關於錯覺：

「與宗教傳統主義者辯論時，精神分析學家通過佛洛伊德的聲音，引入了一個令人困惑的，關於錯覺的未來的爭論：

觀察一下你對錯覺的態度和我的不同。你必須竭盡全力捍衛宗教錯覺。如果它變得不可信，並且對它威脅確實是足夠大，那麼你們的世界就會崩潰。除了對一切，對文明和人類的未來感到絕望，你什麼都沒有了。

從那束縛中，我、我們，獲得了自由。我們的未來沒有如宗教裡那種真實的東西，但我們相信嬰兒式願望（infantile wish），既然我們已經準備好放棄大部分嬰兒式的願望（佛洛伊德認為，造成夢最原始的力量是嬰兒式的願望），那麼即使我們的一些期望變成了錯覺，我們也能忍受。」（陳瑞君譯，Daniel Widlocher, 2006, Psychic Reality: Belief or Illusion?）

「信仰的舉動是特定的科學流程，而且必須有別於宗教的意義。那些意義被投資於交談的時候，當它能在語言被語言再現它，就變成可以被了解。」（Bion, 1970:34-35）

由於要說明比昂引進神祕宗教的語言，因此為了讓精神分析初生的自主性，有別於存在千年的宗教，這些對比是個必要的過程，才不會以為完全避開他人的語言，就會有自己的自主性。我也相信，如果能細論這些差別，對於人性的想像也會有貢獻。

通過小男童的角色，讓我們的同情心自然出現，想著如果是年紀更小時，還無法有更多語言，這種難說清楚的處境，就和潛伏期時帶來的反應有所不同，或者是在更多活力的青春期時，劇情也會是不同的了，這些比較的說法只是一般的假設，也是我們想要透過電影的角色設定，所帶來的可能反應，做為我們推論潛伏期可能是什麼？

《靈異第六感》並非簡單嚇人的鬼片，更像是家庭問題電影，加上鬼異的包裝，電影裡大人不信小孩見鬼的說法，跟大人老是不聽小孩說話的盲點一致，如果只是這樣，是有些老套了。但是透過幫助男孩柯爾的「心理師已經死了」的劇情，的確帶來不同的趣味和想像，讓相互聆聽這件事，以及兩代間溝通的問題，雖然老套的人間日常，卻在後來男孩媽媽和自己媽媽的交談裡，變成某種感動。

這是原本處於不被了解，有苦難言的男孩，在被心理師接受後，對於自己的超能力不再那般受苦後，能夠以自己的

能力幫助了自己媽媽的心結，也可以說媽媽和男孩的心結裡的失落和受苦，有著類似的本質，都是和自己的媽媽間的溝通，和是否被媽媽接受的心結。

也許這值得我們想像，到底人的失落受苦，儘管可能來自不同的原因，例如媽媽小時候在校的尋常表演，或者小男孩的超能力，都讓我們想著這些日常裡的失落和獲得，意味著什麼呢？何以做為一個人有這些需求呢？這些需求是否真的如電影劇情，只要被了解、被接受，進而能夠幫助了他人，然後這些失落悲傷就會不見了嗎？有些失落的痛苦可能更深沉頑固。

隨著臨床經驗和思考觀點的演變，比昂是一位勇於嘗試不同個案群，例如精神病個案分析，而打開了不少不同於以前的論點。根據Rudi的論點，比昂的實務經驗讓他主張，心智的苦痛（mental pain）是精神分析的必要要素，比昂的思考理論（theory of thinking）的基礎，是能夠容忍挫折的能力，他也主張增加承受痛苦的能力（capacity to suffer pain），是分析和精神成果的必要部分。雖然個案和分析師常是希望是降低痛苦，這也是為什麼精神分析師需要有所準備，面對個案在他們面前所展露的痛苦，但焦點在痛苦，並不是意味著個案就必須受苦於分析過程裡不必要的痛

苦，他認為分析要能夠在，痛苦於個案心理上變得顯明前，能夠藉著直覺接觸這些痛苦，以及體會個案是如何處理這些痛苦。

「痛苦是不可能在人格裡缺席的，分析必定是痛苦的，並不是因為痛苦是必要的價值，而是如果在分析的過程，未能觀察和討論痛苦，那麼將無法被當做是在，處理個案來到現場的核心理由之一。」（Bion, 1963:61）（頁108）

就在隨身有著與生俱來的能力，所帶來的受苦驚嚇之餘，回到潛伏期的心理經驗，我把《靈異第六感》裡男孩的超能力，看做一種比喻，每個人都會有著某些能力（也許能看見死去的人），並不是在那年紀裡覺得最驚悚的生命經驗呢？例如，那些從小看見父親酒後回家，就開始打媽媽和兄姐的小孩，心中的驚悚是否更強於有能力看見死去的人？

我也覺得《靈異第六感》最值得欣賞之一，是電影類型的轉換，從起頭的驚悚片格局，再三轉身，中段鬼怪的出沒訴說冤情，而後段轉身成為溫情的家庭片，直到最後的高潮，揭開謎底，是令觀眾意料不到的轉折，就像受苦者人生裡的千折百迴，或如在千山萬水裡的追尋自己，好像那個失落的自己，是在遙遠前方的某處，而不是在後方的某個所在。何以人是如此追尋呢？是在追尋什麼呢？不同的人

會提出不同的論點，我想以英國精神分析家比昂描繪的，對於O的追尋，以及有個精神分析客體（psychoanalytic object），做為比對想像的基礎。

先以一個母親和嬰孩玩的遊戲，來想像這些原始行動的可能想像。「對於這種無能為力，在生命初始是由母親幫助其解決困境的，因此母親的在場與否，往往是精神分析討論熱烈的場域。佛洛伊德在《克制、症狀和焦慮》（Inhibitions, Symptoms and Anxiety, 1926）的附錄C《焦慮、痛苦與哀悼》（C Anxiety, Pain and Mourning）裡提到：

『一旦母親從嬰兒的目光中消失，他看起來就像從此都不再會看見她了；因而在他學習到：母親的消失之後總是伴隨她的再現身以前，重覆經歷與前述相反的寬慰經驗是必須的。嬰兒的母親可藉由玩類似的遊戲來鼓勵他獲取這個至關重要的知識，如用她的手遮藏著臉，不讓嬰兒看見，再為他愉悅地露出臉來。』……

然而，注意力是一個主動的過程，一旦我們離開緩衝區，那種特定的感受又會再浮現出來，像是說明心裡的嬰兒不見得能因此被安撫，也意味著成人和心裡的嬰孩的運作邏輯是有所不同的，後者就像是古老化石四散各處，因而難以拼湊全貌，也可形容它是迷失三魂七魄的孤魂野鬼，而不是

一般想像的心裡的嬰孩……

　　佛洛伊德接著說：『由於嬰兒對這個事實：「失去母親的情況不是危險的情況，而是一種痛苦的情況」的誤解，他將如過去一樣，感到孤單及無人陪伴的絕望。更精確地說，如果嬰兒恰巧某個時刻感受到得由母親來滿足的需求，但母親未能現身，那麼痛苦將會轉變成危險，成為創傷。』」（陳建佑醫師，驚悚末日：憂鬱的心聲如何拐彎抹角說自己？在《在情慾裡求生的苦與痛》裡。）

　　然後這樣的嬰孩走到了，如電影中男孩柯爾的潛伏期，他處在悲傷，覺得沒有人了解他，沒有人願意聽他生活裡的我見我思，能看見死去的人，是他的日常，對他人來說，卻是特異能力或是特異問題，除了能和死去的人對談的特異能力外，在一般的生命發展過裡，是可能還有更多，我們還未知的想法、事件、經驗或情感，那是無法說清楚讓人了解的，在精神分析裡「本能」這概念所代表就是這個範圍。

　　但我們假設，可能還有其它的，是如同特異能力般，無法以習得的語言來描繪的經驗，尤其是在潛伏期下的孩童，表達能力和對外在感知能力，大致會被當做是個小孩子的概念下，而不易被他人好好思索，他們所思所言的更多潛在意涵，也許這也是被當做是，處於潛伏期的理由之一，而這是

大人世界對於所見現象的定義。

　　除了「本能」的經驗外，我在這裡先引介比昂的「精神分析客體」和「O」的概念，做為延伸想像潛伏期可能是什麼的起點。

　　「精神分析師必須是O：這是一種生活方式，他必須完成心靈的架構，允許他是O的接收者。這種態度呼應比昂所說的，信仰（Faith (F)）臣服於尚未發生的，也臣服於那些無法被知道的東西。」（Rudi, Reading Bion, 頁151-2）

　　「精神分析師關切的是O，它是透過知識（K）的活動也無法傳達的存檔，可能借著知識（K）透過現象來達到O，但事實並非如此，而是知識（K）需要依賴從O到K的演變。」（Bion, 1970:29）

　　「在比昂心中寄掛的是，和O的接觸，當他建議精神分析師必須把自己放在無限的觀點上（多元向度且未分化的幻覺般孕育生命的地方（hallucinatory matrix），對比昂來說，演變的方向總是從O抵達K，而不是從K抵達O。」（Rudi, Reading Bion）

　　這些說法看似明確，不過也是要被我們的語言消化後，才知會演變成什麼樣子。不過以上的說法，算是顛覆了以往的說法，以詮釋獲得洞見的知識K，再由K走往認識O的過

程。雖然我不是主張，只因比昂這麼說，我們就要全盤放棄先前的概念，但是比昂是提供了一個不同的走向和態度。

在技術上，「詮釋關於精神分析客體，這需要分析師回到清澈的心靈，儘可能接近未分化的、無限的精神功能，並且允許非感官的常數的連結，那指向精神分析客體在黑暗中亮起來（比昂是類比使用『被一束黑暗，點亮起來』(illumination by a beam of darkness)）」（Rudi, Reading Bion, 頁150）

但是「無論分析得多徹底，經過這過程的人們，也將只是部分被揭露。在分析過程的任何節點，知道的內容在比例上是小於那些未知的，因此在某次會談裡，主導的內容是未知的人格，而不是被分析者和分析師認為他知道的內容。」（Bion, 1970:87）

尤其如果焦點始終在，那些未知的所在，那裡會有著什麼特質嗎？不然何以會如此維持著未知，是否有著什麼神祕般的原則嗎？不過如果依著比昂的探索，精神依然得依著科學的態度往前走。

和科學的態度相對的，「相關於『信仰的舉動』，比昂強調不知道（not-knowing）與無可知道（unknowable），我們必須能夠容忍無知

/ 217

（ignorance），爲了採納我們必須尋找的有利見解，O，是這種不知道和無可知道的象徵或再現。而這種態度的必要條件是，敬畏（awe）和信仰（faith），當從神祕的感受出發時，如果敬畏和信仰消失在分析裡，我們會處於進入危險封閉世界的風險裡，對分析師來說，對未知的敬畏是好的基本態度，意味著臣服於O與信仰O。」（Rudi, Reading Bion, 頁152。）

（ignorance：無知，不學無術，愚昧；不知。）

（awe：敬畏，驚奇，驚嘆，使敬畏，使畏懼。）

關於ignorance與awe，我在網路字典上查到的部分翻譯，例如，ignorance譯爲無知和愚昧，其實後續的字面解讀會不同，但我選擇無知，是「無」和「有」的對立。雖然我不是要說，既是「無知」，那就看如何可以變成「有知」就好了。不可否認的，這會是一般常見的處方有所不同，以有知來撲滅無知，只是臨床經驗也早知，不是如此單純的二分做法，就可以達到目標。而敬畏，有著敬天畏神的意思。

在這些概念下，以這部電影來看，死去的心理師是幫助小孩心理成長的角色，直到後來小孩讓心理師知道他已經是死掉的人了，死掉者仍可以助人，在深度心理學裡是否是可能的命題？也就是，我們在內在心理，那些缺席者是死

掉的，或是活躍者？其實我們都同時混用，例如有些小孩，母親早就不在身旁另嫁他人了，但小孩心中仍覺母親存在，且是好人，而在旁的父親卻只是個限制者，阻礙他往外走的人。如同電影中小男孩，覺得每天在旁的母親是位不願聽他說出心聲的人，不論他想要說的是什麼，只是在電影中是以有超能力，可以看見那些死去的人在身旁。從另一角度來說，他也可以看見自己內心裡，已經死去卻仍具有復原力的心理客體（這是比昂所說的「精神分析客體」嗎）仍在奮力掙扎著要活下去。

比昂還這麼說，把精神分析要探索的視野，推向五官可觸及的之外，雖然他這麼做可能只是說著佛洛伊德的潛意識概念，但是經由不同的說詞，卻彷彿打開了另一個世界。「我期望能保留『記憶』這個語詞，它是某種經驗，和意識上嘗試去回憶是有關的，這些是顯現著某種害怕，害怕某些元素『無可確定、神祕、疑惑』會出現，來打擾夢般的記憶，心理真實的記憶，而且屬於精神分析的原料。那些和感官經驗的背景有關東西，並不適合這些心智生活的現象，因為這些心智生活是無形的、無法觸及的、無法目視的、無味、無色……這些似乎和夢的精神分析理論相矛盾，除非被記得的夢是O的演化，而且O是已足夠演化，並能夠被感官

經驗所再現出來，精神病者的夢裡，感官的成分並不再現什麼東西，它們只是感官的經驗。」（Bion, 1970:70）

「比昂提出的另一種技術，是聚焦在現象間的關係（常數的連結），而不是在內容上。這種方式也能幫助我們隱約看見，這些精神分析的客體的信仰（faith）態度是對的心智狀態，詮釋必須連接到，精神分析客體起源的幻覺層次（hallucinatory layer）的所在，在這種接觸下，分析師能夠在它們被完全轉型成感官的現實（sensuous reality）前，詮釋關於精神分析客體，這需要分析師回到清澈的心靈，儘可能接近未分化的、無限的精神功能，並且允許非感官的常數的連結，那指向精神分析客體在黑暗中亮起來（比昂是類比使用『被一束暗光，點亮起來』（illumination by a beam of darkness））」（Rudi, Reading Bion, 頁150）

「精神分析客體」是什麼，它是精神分析的本質或是現象呢？

我試著以佛禪宗的例子來對照，「南泉（禪師）說『理隨事變』，一般人卻說本體不動，現象會動。南泉說『事得理融』，一般人卻說見到現象不見得見到本體，本體是不可捉摸的、完整的、永恆不變的。但就禪而言，理和事，亦即

本體和現象是同一個東西，即事即理。……

　　如果通達了這個道理，外在的現象和內在的本體根本是一即二、二即一，等號的兩端是事與理，內和外也是一體的。這是從禪的立場看，不是從哲學的立場看，因為禪的經驗是用心來體會的。心不在外，也並不在內……

　　『寂寥非內』，許多人認為外在的世界是動的，內心的深處是靜的，故要用靜坐及參禪來開發內心世界。其實，若從禪悟者的立場而言，事與理既非兩樣東西，內與外、靜與動，也是不可分離的，動態既不在外，靜態也不在內。若把內外看成兩極，就有煩惱出現了。」（聖嚴法師，聖嚴說禪）

　　二分兩極化是屬於精神病層次，如幻覺般的好壞、善惡二分，至於內外二分的心理源頭，是值得再探索。精神分析家溫尼科特提出了「過渡客體」的概念，例如孩童大都會出現的，抱著喜歡的棉被或玩具才會平靜下來。他說過渡客體既不是內在客體，也不是外在客體，他不是文字遊戲而是談著心理學。

　　「可能有爭議的是，在這種方向下，精神分析的操作有著冥想的特性。的確如此，它要求分析師容忍暗黑與不知道，並且長時間維持著偏執分裂的位置，直到某些有限

的東西從無限的層次裡浮現出來。這種心靈（mind）的空（empty）狀態，是接觸這些基底層次的情況，處在和這種幻覺般層次的接觸，可能導致強烈的視覺影像和感覺等本質的東西，採取某種形式（form）出現和O接觸，將帶來在O裡的蛻變（T (O)），這種蛻變是不同於基於了解某些事情後的蛻變，在O裡的蛻變，是某些存在但未分化（non-differentiated）的東西找到了出路，而變成分化且有限，以許多不同的形式出現。」（Rudi, Reading Bion, 頁150）

　　所謂幻覺般的本質，如果從「因緣說」來想像或者會有另種風味，「因緣說是佛教的特質，也是釋迦牟尼佛成佛之時所悟出的最大法門。佛教所說的悟境，即是悟出世間的一切現象，空間的、時間的、心理的、生理的、物理的、社會的、自然的，凡是現象的起滅轉換、無非是由於因及緣的位子的變動、成分的增減、類別的出入，而產生的離合、合離及組成、解散，解散了再組成的現象。故從因緣的觀點看世間諸法，無非是幻有的、暫有的、假有的、本性是空的，既無一物可以永久存在，也無一物可以普遍存在。所以不論是人為的，或是自然的，凡是可以用觸覺、知覺、感覺來認識思辨的一切，都是假相，不是真理。如果能夠理解這層道理，並且以修行的方法來親證這層道理，佛教稱之為悟，

稱之為解脫，稱之為斷煩惱，稱之為離苦得樂。」（聖嚴法師，因果與因緣）

「這種結果並不是神祕經驗，而是在O裡的蛻變，這是發生在未分化層次（undifferentiated level）。比昂發現神祕學的語言和象徵，仍不足以描繪這些經驗甚至方法……對比昂來說，他採取這種立場並不是神祕經驗，他並不是在尋求極樂（bliss）狀態。比昂的目標並不是神祕的啟示（enlightment），而是在界定完整的精神分析架構，所產生的精神改變（psychic change），這是不同於宗教的經驗。」（Rudi, Reading Bion, 頁150）

如果以已經死亡的心理師，做為代表小孩內心裡，因為失落失望而死去的部分，而這死去的部分仍常以指導者的方式出現，在克萊因是強調，已死去部分的破壞力，但死去的部分一定只會如此，它不會具有如這死去的心理師般，想要幫助人的動力嗎？是否死去的部分，有著這些多重的動力和心意，而一般人的治療分析過程，是像男孩柯爾的心理過程，原本是受失去和死去的部分，主導著自己的封閉，以及和母親的關係，但是後來小孩反而讓幫他忙的心理師知道他已死去了，意味著那是他知道，自己有著死去的部分在影響自己？而當心理師馬康知道自己死去了，意味著小孩知道，

自己死去的部分在影響自己，只是這個過程不是以簡化的知識K的過程，而是在受影響的過程裡，體會到、意會到那死去部分的活力，因此他的超能力也可以說是，他有著想要認識自己和他人死去的部分，以及那些死者所遭受的冤屈，如同覺得自己受的冤屈不被了解，以及如果人不願理解失去的部分，如媽媽的方式所帶來的困擾？

「O是沉默的它者，它『就位於（我們所在的地方的）背後裡頭或周遭』，我們並無法真正的經驗O；我們是在經驗著正在經驗O的狀態，比昂使用O的概念是想要表達臨床的真實（clinical reality），發現某個概念能夠來包含我們正在經驗的內容，是他想要傳達的臨床和精神分析的真理的一部分，但這不是容易的事。」（Rudi, Reading Bion, 頁149）

而最終是O，意味著認識到，生死一直在一起，而生死可以在一起並存，也許並非它們是全然不同，而是如同男女在身體和心理上，是有著中間地帶，只是我們是否願意去認識男女的真正實情。而生死，所以在我們概念裡，有著生生死死、死死生生，是否意味著兩者之間，是如陰陽有著兩極，但是實情是生死之間，如同光譜般，大部分的中間地帶是混雜著生死，而死並不必然如一般想像，只是暗黑或破壞

力的王國。

死就是黑白的黑？它本身不具有判斷好壞，只是實情上有些人的確會主動破壞他人，這是什麼呢？這是如何來的？是死去的幽靈的怒氣，是有力的？

最後的真理是，認識重要客體有好和壞並存，或可以說成是認識到生死的並存，這會更貼切佛洛伊德所說的，生命的璀璨是由於生本能和死本能的交織。死亡只是能量走向零，不是好壞善惡，但因驅於零，讓人感到驚恐，而變成暗和壞，或者這是溫科特所說的，無情的自我（ruthless self），它是生死合體的起點。

認識某點，即盲目於其它的，但我們不會覺有盲目，或不覺那是壞，反而常是有著去蕪存菁的想法，生命過程裡那些不解和納惑的謎題是蕪，是科學統計圖上被省掉的眾多實點，而這些實點所構成的向量的虛線，卻被劃成是統計圖表上的實線，好像人生是這樣的實線。但其實是散居的小實點，卻是被省略盲目不見了，具有超能力者可能看見，實線的背景裡眾多小點所代表的意義，因此那些死去的幽靈，像是我們人生裡那些實點，但被盲目看成幽靈，我們是由眾多幽靈的實點，所構成的一條虛線，卻被看成是實線。O的最終是發現，那些被消失小實點，以被消化的埋冤存在著，如

同幽靈。

　　Rudi是這樣解讀比昂，「在他的經驗裡，當記憶和欲望被避開，我們就會人為地讓自己盲目於（五官的）感官經驗，然後夢般記憶的能力（capacity for this dream-like memory）就會增加，這種記憶是自發的自動的，這是在感官層次上某些聯結的夕陽餘暉，它反映著在這裡O遇見了K。」（Rudi, Reading Bion, 頁148）我以這段描繪，來想像死去的心理師馬康，是否如同這裡所描繪的，在夕陽餘暉，它反映著在這裡O遇見了K。K是知識，知道了自己是死掉的知識，而O卻是被意會到了，人終將一死，如同那些死去就讓他們死去，然後準備走向另一波人生的風浪，青春期。

　　這是有些玄妙的描繪，想要說明人如何認識自己，尤其是超出五官能夠觸及的自己，但那是什麼關於自己的知識（self-knowledge）呢？臨床上是常見愈早年創傷的個案，明明在抱怨了眾多明確的事件後，會再呈現困惑地說不知自己怎麼了？這個疑惑或謎題常是如上所說的，超出五官能夠觸及的自己。K是指一般的知識，有層於意識層次的知識，也有是屬於O層次的知識，但是後者是什麼，卻是難以直接描繪的內容，因此有Rudi這般的嘗試「意會」，而不是

「言傳」的描繪，也就是我們日常語言裡的，「只可意會，不可言傳」的自己。

因此我借用比昂說明精神分析師（如同男孩心中死去的心理師）的任務的話，來描述潛伏期，如果潛伏期的確是在準備著人生的下一步。

「對於分析師來說，第一項要務是，把避開記憶和欲望的正向原則加在自己身上，我並不是說『忘記』（forgetting）就足夠了，需要是對於避開記憶和欲望採取積極的行動，假如記憶和欲望是不受歡迎，那麼會很想知道，什麼樣的心智狀態是受歡迎的。有一個語詞是接近我想要表達的，那就是信仰（faith）——信仰有著終極的真實（ultimate reality）與真理（truth）的意涵，這些包涵了無可知道的無情，被知道的信仰也是未知的，無可了解的，與沒有形狀的無窮無盡。」（Bion, 1970:30, 頁149）

【講員簡介】

蔡榮裕

精神科專科醫師

前松德院區精神科專科主治醫師

臺灣精神分析學會名譽理事長

臺灣醫療人類學學會會員

高雄醫學大學阿米巴詩社社員

松德院區《思想起心理治療中心》心理治療資深督導

聯絡方式：roytsai49@gmail.com

《附錄一》

【薩所羅蘭】精神分析的人間條件4（以線上視訊方式）
標題：潛伏期裡天眞的消失或轉型：psyche吹著秋風瑟瑟
　　　準備soma的春天
時間：2021.09.12, 周日09:00-17:00（08:30-09:00線上報
　　　到）17:00-17:30會後座談（隨意參加）

　　大家都聽過在青春期前，有一段時日，在心理學裡被稱爲「潛伏期」，它是什麼呢？它是秋天的瑟瑟，是有什麼在消失中嗎？例如童稚。或者它是春天新葉裡的脈絡，有著新的因子在默默發芽，就要出來宣稱它的存在？

註：雖名爲兒童青少年心理工作坊，我們要談的兒童青少年，不必然是身體和年紀的，而更是指向成人心理裡的兒童青少年，那是我們想要建構的深度心理學的基礎。

1.09:00-09:45潛伏期和infantile wishes嬰兒式願望 VS
《巧克力冒險工廠》（吳念儒）
2.09:45-10:30潛伏期和transitional space 過渡空間

VS《小太陽的願望》（陳瑞君）

3.10:30-11:15潛伏期和mentalization心智化 VS《庫
洛魔法使》（魏與晟）

4.11:15-12:00潛伏期和construction建構 VS《紅衣小
女孩2》（劉又銘）

5.12:00-12:45潛伏期和psyche-soma心身之間的
hyphen VS《倚天屠龍記》（王盈彬）

6.14:00-14:45潛伏期和containing涵容 VS《一一》與
《灰姑娘》（王明智）

7.14:45-15:30潛伏期和holding擁抱 VS《心中的小星
星》（劉玉文）

8.15:30-16:15潛伏期和negative和positive正負之間
VS《囧男孩》（陳建佑）

9.16:15-17:00潛伏期和unknown O（無可確知的O）
VS《靈異第六感》（蔡榮裕）

報名方式

我們採取很不同的方式，請先報名，但不必先繳費。因
爲不想處理您臨時無法來的退費，那很麻煩且擾人，原諒我
們想要優雅啦。

因此我們決定，您在活動結束後才繳費，但並不是你聽得高興或覺得有五成的收獲才付費喔，而是你參加了也上線，而且在留言上寫下你的姓名（和報名單上相同）送出，就請在結束後繳費喔。我們想要嘗試和聽眾維持這種相互信任的方式。

　　在工作坊前一天或更早，我們會寄出上線的連結給報名者。

　　期待你全程參與，而且上線後要先在聊天區留名報到，畫面要呈現你的名字，不然我們會主動地把你移除。如果中途想跟您的狗狗或貓貓玩一下，我們是擋不住的啦。不過記得還要再回來聽喔，因為您離開的時間並不能扣掉參與費用喔。

　　在工作坊前寄給各位連結時，我們會再有說明參與的方式。希望你的寬頻是夠的，因為寬頻不夠而無法好好收聽，會是很可惜的，好吧，歡迎您喔。

【費用】

1.學生：800元

2.其他：1200元

3.臺灣精神分析學會會員：五位免費名額，額滿後請由

「一般報名表單」報名，費用如其他或學生身分者。
（如果報名者是在限額免費者，確定無法參加時，請
盡早告知，我們會依報名順序，把名額由較早報名者
接替。）

【報名入口】

臺灣精神分析學會會員免費限額報名表單：

一般報名表單：

1.只要您確實填寫表單，按下「提交」，並且畫面顯示
「我們已經收到您回覆的表單」，即代表報名成功
2.請留意收件，報名成功者，將於活動前一日或幾日
前，收到寄發的行前通知信
3.洽詢：【薩所羅蘭】
freudbionwinnicott@gmail.com

《附錄二》：（文宣）

A.

　　這個工作坊雖是有個主題待探索，但由於它是一天工作坊，因此我們會讓它更接近，診療室裡工作的想像……

　　我們不只是藉由一些概念來擴大想像，「潛伏期」是什麼？基本上我們也是以臨床家的角度出發，我們仍會是讓我們的文字，有著臨床技術的意涵；或者幫助大家思索，人生過程裡這個階段裡的意義？每位報告者處理一個議題，並以一部電影做為對話。

　　大家都聽過在青春期前，有一段時日，在心理學裡被稱為「潛伏期」，它是什麼呢？它是秋天的瑟瑟，是有什麼在消失中嗎？例如童稚。或者它是春天新葉裡的脈絡，有著新的因子在默默發芽，就要出來宣稱它的存在？反正如果以infantile wishes來說，它就是要說話，要讓大家認識它，但是它如夢般說著不同的話語，需要大家來猜測，因此「潛伏期」也是它說話的某個方式？

　　我們不是要說「潛伏期」一定是我們想像的那樣，但是我們嘗試找出一些參考點，各位可以從題目裡發現，每題都有著一個重要的精神分析概念，做為我們探索和建構的起

點。除了每題也有著一部電影做對話外，書寫內容裡會再加進其它的，如其它電影、小說或戲劇等，以及某些案例。或者也可相反來說，我們是以潛伏期有關的電影和案例等，來說明這些精神分析概念。一如Bion主張，夢工作不會只在晚上，而我們了解的概念，不會只出現在有問題的時候，讓我們來談這些概念的靜默版，如何走過人生？

B.

溫尼科特在Mind and its Relation to the Psyche-Soma.（1949）這篇有趣的文章裡，提到了一個內心戲裡戰爭的故事，我先從自己的解讀來描繪它。

溫尼科特將mind當做是，專門替嬰孩應付外在環境侵襲（inpingment）時的反應打擊機制。他未多做解釋何以編派mind當做這個角色，也許跟他在文中提到，有個案會說要把mind弄掉，因為那對自己是干擾。溫尼科特以mind, psyche, soma三個角色或機構，來說明嬰孩心理健康發展的三大因子。

他說的故事是這樣，如果外在環境可以在起初主動適應嬰孩的需要，對嬰孩是很重要的，至於嬰孩的需要是什麼，他是以psyche-soma這個組合做為基底，當psyche-soma

在起初能夠被滿足，而後慢慢地外在客體採取被動，讓嬰孩的psyche-soma可以慢慢適應，因為照顧者在妥適情況下，慢慢出現的服務不夠周全時，嬰孩可以在當時能力可及的情況下，發揮自己的適應的能力，來補外在環境服務不周的漏洞。

他主張這是必要的過程，依我的見解是這樣，外在環境，如母親，起初要是主動適應嬰孩，是要「完美的」（wonderful）母親，而後來是「恰恰好」（good enough）（實際上當然不是那麼容易做到）。雖然會讓嬰孩處於錯覺的狀態，覺得所有的情況都是在自己的掌握之下完成的任務。也就是如果外在環境能夠依著嬰孩的情況，先主動的百分百服務到家，後來逐漸地服務有漏洞，但不是嬰孩無法補得來的漏洞。

那麼就會讓嬰孩的psyche-soma，如同童話裡的王子公主般，從此過得快樂幸福的日子。溫尼科特沒有引用王子公主的故事，不過從他的主張來說，的確是這種幸福下，psyche-soma就會健康的發展。所謂健康的發展，溫尼科特是主張「存在的連續感」，也就是在psyche-soma兩者幸福地牽手在一起發展的過程，達成了存在的連續感。至於是否人只要有這種存在連續感下的健康，在未來的自處或他

人互動，就會有能力孤獨以及關切他人。

　　這未出現在這篇文章，不過我把他的文章連續閱讀和串連，我會這樣子想像，如果他沒有明明白白的這種相連，我也覺得是可以從他的文章裡做這種聯想，來幫助我們從他的概念裡來觀看臨床現象。也就是如果是前述的順利發展，後來個案是會有孤獨的能力，但也同時有著關切或成全他人的能力，不過這是後話，需要再統整他的其它文章再一起說。

　　回到這篇psyche-soma的文章，如果嬰孩在發展的過程裡，外在環境不是如前說的那般先主動適應嬰孩，再慢慢適時被動適應，而是可能過於侵犯或者過於忽略，溫尼科特稱呼這種情況是外在環境的「侵襲」。如同生物的免疫概念，在心理機制上，編派了mind出馬來應付外來的侵襲，在發展的過程，由於mind會愈戰愈猛，愈來愈壯大，它會誘惑psyche離開soma，而重構成mind-psyche的新組合。使得soma變成孤立，自己成長，溫尼科特表示這樣的發展，會造成嬰孩的存在連續感出現問題。

　　我的解讀，由於原本該牽手一起長大的psyche-soma，兩者是缺一不可，但是psyche卻被善於爭戰的mind誘惑離開了，也許soma從此陷在孤獨的悲傷裡，掙扎著自己發展著身體。但是psyche卻不曾關注它，甚至由於

mind是戰士，是快速打擊部隊，不是能夠坐下來慢慢欣賞soma的角色。mind彷彿是自體免疫的重要角色，卻做得過頭了，變成不被喜歡卻又是嬰孩活著和活下去的必要角色。讓psyche-soma原本是一起成長，一起相互欣賞，而讓存在的連續感可以悠哉地，並有創意地過活的日子，變成隨時要爭戰，隨時要起身捍衛的狀態裡。

這是我從這篇文章裡萃取出來的故事。如果說mind是如同溫尼科特在其它文章談的「假我」，兩者是有些接近，而psyche-soma的幸福存在連續感，有些像是「真我」，那是一堆活生生的能量，如果不被假我過度的防衛所侷限，真我是讓人覺得有存在真實感的重要角色。但在這篇文裡，溫尼科特並未提到假我和真我的概念。

另可能有人會想，如果嬰孩在成長的過程，如溫尼科特說的那樣，被外在環境完美對待，是否會造成嬰孩過度自戀呢？不過理論上，如果是先有著錯覺，什麼都是自己完成的，而且持續如此是會如同自戀，不過如果如溫尼科特所描述的，是有漸漸要面對外在環境的不足，所帶來的挫折經驗，也許當年這個過程，會讓人在面對未知的情境時，有著信心可以解決困局和未知，不會因未知而過度不安，但不是過度自戀的那種信心，而是曾被現實鍛鍊過自信。

《附錄三》

薩所羅蘭團隊

【薩所羅蘭的山】

陳瑞君、王明智、許薰月、劉玉文、魏與晟、陳建佑、劉又銘、謝朝唐、王盈彬、黃守宏、郭淑惠、蔡榮裕。

【薩所羅蘭的風】（年輕協力者）

李宛蓁、魏家璿、白芮瑜、蔡宛濃、曾薏宸、彭明雅、張博健、劉士銘。

【薩所羅蘭的山】

陳瑞君

諮商心理師

《過渡空間》心理諮商所所長

臺灣精神分析學會會員

臺灣醫療人類學學會會員

臺灣精神分析學會推薦精神分析取向心理治療師

臺灣精神分析學會《台北》心理治療入門課程召集人

松德院區《思想起心理治療中心》心理治療督導

國立臺灣師範大學教育心理與諮商所博士班研究生

聯絡方式：intranspace@gmail.com

王明智

諮商心理師

臺灣精神分析學會會員

《小隱》心理諮商所所長

臺灣精神分析學會推薦精神分析取向心理治療師

臺灣精神分析學會影音小組召集人

松德院區《思想起心理治療中心》心理治療督導

許薰月

諮商心理師

巴黎七大精神分析與心理病理學博士候選人

劉玉文

諮商心理師

看見心理諮商所 治療師

企業／學校／社福機構 特約心理師 及身心健康講座、

藝療淨化工作坊 講師

臺灣精神分析學會會員

聯絡方式：backtolove99@gmail.com

魏與晟

臺北市聯合醫院松德院區諮商心理師

臺灣精神分析學會會員

精神分析臺中慢讀學校講諮商心理實習計畫主持

國立臺北教育大學心理與諮商研究所碩士

謝朝唐

精神科專科醫師

中山大學哲學碩士

巴黎七大精神分析與心理病理學博士候選人

劉又銘

精神科專科醫師

台中佑芯身心診所負責人

臺灣精神分析學會推薦精神分析取向心理治療師

精神分析臺中慢讀學校講師

聯絡方式：alancecil.tw@yahoo.com.tw

陳建佑

精神科專科醫師

臺灣精神分析學會會員

精神分析取向心理治療師

高雄市佳欣診所醫師

聯絡方式：psytjyc135@gmail.com

王盈彬

精神科專科醫師

精神分析取向心理治療師

臺灣精神醫學會會員

臺灣精神分析學會會員

臺灣精神分析學會《台南》心理治療入門課程召集人

英國倫敦大學學院理論精神分析碩士

王盈彬精神科診所暨精神分析工作室主持人

聯絡方式：https://www.drwang.com.tw/

黃守宏

臺北醫學大學附設醫院精神科暨睡眠中心主治醫師

臺北醫學大學醫學系專任講師

臺北醫學大學學生事務處學生輔導中心主任

臺灣精神分析學會會員

臺灣精神分析學會台北春秋季班講師

松德院區《思想起心理治療中心》心理治療督導

美國匹茲堡大學精神研究中心訪問學者

郭淑惠

諮商心理師

新竹「心璞藝術」心理諮商所所長

精神分析取向心理治療師

臺灣精神分析學會會員

臺灣藝術治療學會專業會員

松德院區「思想起心理治療中心」心理治療師

台北市立大學教育學系教育心理與輔導組博士

聯絡方式：xinpu48@gmail.com

蔡榮裕

精神科專科醫師

前松德院區精神科專科主治醫師

臺灣精神分析學會名譽理事長

臺灣醫療人類學學會會員

高雄醫學大學阿米巴詩社社員

松德院區《思想起心理治療中心》心理治療資深督導

聯絡方式：roytsai49@gmail.com

國家圖書館出版品預行編目資料

潛伏期裡天真的消失或轉型：psyche吹著秋風瑟瑟準備soma的春天／陳建
佑、劉玉文、王明智、王盈彬、劉又銘、魏與晟、陳瑞君、吳念儒、蔡榮裕
合著. --初版.--臺北市：薩所羅蘭分析顧問有限公司，2023.01
　　面；　公分---【薩所羅蘭】精神分析的人間條件 07
ISBN 978-626-95788-8-7（平裝）
1.CST: 精神分析學
175.7　　　　　　　　　　　　　　　　　　　　　　　111018100

【薩所羅蘭】精神分析的人間條件 07

潛伏期裡天真的消失或轉型：
psyche吹著秋風瑟瑟準備soma的春天

作　　者	陳建佑、劉玉文、王明智、王盈彬、劉又銘
	魏與晟、陳瑞君、吳念儒、蔡榮裕
校　　對	白芮瑜、彭明雅
發 行 人	陳瑞君
出版發行	薩所羅蘭分析顧問有限公司
	10664臺北市大安區和平東路二段201號4樓之3
	電話：0928-170048
設計編印	白象文化事業有限公司
	專案主編：陳逸儒　經紀人：徐錦淳
經銷代理	白象文化事業有限公司
	412台中市大里區科技路1號8樓之2（台中軟體園區）
	出版專線：（04）2496-5995　　傳眞：（04）2496-9901
	401台中市東區和平街228巷44號（經銷部）
	購書專線：（04）2220-8589　　傳眞：（04）2220-8505
印　　刷	基盛印刷工場
初版一刷	2023年1月
定　　價	350元